Lothar Gassmann

New Age –
Kommt die
Welteinheits-
religion?

W0089615

VLM

Verlag der
Liebenzeller Mission
Bad Liebenzell

ISBN 3 88002 322 0

© Copyright 1987 by Verlag der Liebenzeller Mission, Bad Liebenzell
Umschlag: Jürgen Keller, Haiterbach
Satz: Knipp Textverarbeitungen, Wetter 2
Herstellung: St.-Johannis-Druckerei, 7630 Lahr-Dinglingen
Printed in W.-Germany

Inhalt

New Age – kommt die Welteinheitsreligion?

Gruppendynamik – der Weg zur Welteinheitsreligion?

Positiv denken und sein wie Gott – Joseph Murphys Selbsterlösungsreligion

Anhang

New Age — kommt die Welteinheitsreligion?[1]

Das Titelbild zeigt eine Pyramide — ein wichtiges Symbol der New-Age-Bewegung. In einem Prospekt der New-Age-Organisation »United Human« (»Vereinigte Menschen«) wird das »Jahrtausendobjekt Terrania-City« (»Erdenstadt«) vorgestellt. Diese Stadt soll in einem »Pyramidenbau mit den identischen Ausmaßen der Cheops-Pyramide« Platz finden. Solartechnik, aber auch »Pyramiden-Energie« soll erforscht werden. Einweihungsfeier dieses Mammutprojekts, dessen Startkapital ca. 800 Millionen Schweizer Franken beträgt, soll »spätestens am 1.1.2000« sein und der New-Age-Bewegung einen »internationalen Bekanntheitsgrad« sichern.

Entsteht hier ein neuer Tempel? Wächst ein neuer Turm zu Babel?

Was ist New-Age? Kurz: *Ist die New-Age-Bewegung ein Wegbereiter der antichristlichen Welteinheitsreligion?* Darum soll es hier gehen.

---

[1] Dieser Vortrag wurde in zahlreichen Städten im deutschsprachigen Raum gehalten und erstmals als idea-Dokumentation Nr. 35/86 veröffentlicht. Für den Abdruck als Aufsatz wurde er behutsam überarbeitet und stilistisch geglättet. Grundsätzlich aber wurde der Vortragsstil beibehalten.

1. Aktuelle Situation

Ich stelle einige Beobachtungen an den Anfang: Die Nüchternheit des technischen Zeitalters läßt immer mehr Menschen innerlich unbefriedigt und unerfüllt. Sie suchen nach Magischem und Übersinnlichem, nach Bewußtseinserweiterung und Mystik, nach Gefühl und neuer Spiritualität. Auch Karl Marx hat seine Beliebtheit verloren. »Früher diskutierten wir Marx, heute meditieren wir Zen«, sagte kürzlich ein Studentenpfarrer. Kurse für Yoga und Meditation, für Psychotechniken und Astrologie, für Autogenes Training und Positives Denken verzeichnen Hochkonjunktur. In den Massenmedien wird über Geistheiler und Reinkarnation, über östliche Mystik und Anthroposophie berichtet. Und in kaum einem Buchladen fehlt mehr die Ecke über Esoterik und Grenzwissenschaften mit einem breiten Angebot abergläubisch-okkulter Literatur.

2. New Age — was ist das?

»New Age« ist der Name, unter dem diese und hunderte weiterer Strömungen zusammenfließen und sich zu einem kraftvollen Strom vereinigen. New Age heißt »Neues Zeitalter«. Gemeint ist das »Zeitalter des Wassermanns«, welches das »alte Fische-Zeitalter« ablösen soll. Das sind astrologische Bezeichnungen, die sich von der Wanderung des »Frühlingspunkts« ableiten. (»Frühlingspunkt« ist der Punkt im Tierkreis, an dem die Sonne am 21. März steht. Er verschiebt sich infolge der Rotation der Erdachse ca. alle

2.140 Jahre um ein Sternbild. Die Astrologen — und das ist der Sprung ins Abergläubische — schreiben diesen Sternbildern Kräfte und Einflüsse auf das Schicksal von Erde und Mensch zu.) Nach diesen astrologischen Behauptungen also, die die Grundlage des gesamten New-Age-Systems bilden, hat das »christliche Fische-Zeitalter«, das um die Zeitenwende begann, abgewirtschaftet. (»Fisch« als frühchristlich-griechisches Symbol für »Jesus Christus, Gottes Sohn und Retter« wird von der Astrologie einfach mit dem Sternbild »Fische« gleichgesetzt — nur aufgrund des Gleichklangs der Wörter und ohne wirklichen inhaltlichen Bezug!) Im »Fische-Zeitalter« vertraute der Mensch auf Gott. Im jetzt anbrechenden »Wassermann-Zeitalter« aber werde der Mensch selbst zum Gott, indem er bisher ungeahnte Kräfte seines Wesens entdecke und ausschöpfe. Der Wassermann gieße die Ströme seiner spirituellen Bewußtseinserweiterung über die Erde aus. Jetzt scheint das alte Versprechen der Schlange vollends in Erfüllung zu gehen: »Ihr werdet sein wie Gott« (1. Mose 3,5).

»*Gott ist tot* (. . .) *Das Göttliche ist es, das in allem in Erscheinung tritt*«,[1] schreibt Alain the Astrologer. Der Regenbogen — in der Bibel Bundeszeichen zwischen Gott und dem Menschen (1. Mose 9,12ff) — soll den Brückenschlag vom Menschen zum Übermenschen symbolisieren. Wo der Mensch selbst zum »Gott« (Übermenschen) wird, interessiert der wirkliche, persönliche Gott nicht mehr. Da geht es höchstens darum, in Kontakt mit einer übersinnlichen Kraft oder

---

[1] Alain the Astrologer, Das Zeitalter des Wassermanns, in: Middle Earth Nr. 6, S. 4 ff (Hervorhebung im Original).

kosmischen Energie zu treten, die dann als das »Göttliche« bezeichnet wird. Zitat: »Das Wassermann-Zeitalter wird *die unmittelbare Verbindung zwischen dem Selbst und dem Universum* oder der Kosmischen Energie erleben.«[1]

Was ist diese kosmische Energie? Die Vorstellung stammt aus der hinduistischen Brahman-Atman-Spekulation, die die Verschmelzung von Weltseele, also Brahman, und individuellem Selbst, also Atman, behauptet. Der einzelne entwickelt ungeahnte Kräfte, indem er eins wird mit dem Brahman, dem All, dem Universum, also eine mystische Versenkung in das All vornimmt und so diese universale kosmische Kraft »anzapft«. Mit dem persönlichen Gott hat diese unpersönliche All-Kraft nichts zu tun. Es handelt sich im Gegenteil um Kräfte okkulten, finsteren Ursprungs. Denn diese Kraft dient dem sündigen Selbststeigerungsstreben des Menschen — »Ihr werdet sein wie Gott« — und bringt den Menschen dadurch vom lebendigen, wirklichen Gott weg. Die Grundlehre der New-Age-Bewegung ist: Bewußtseinserweiterung. Der Mensch soll zum Übermenschen werden, indem er sein Bewußtsein erweitert oder, deutlicher gesagt, indem er die Grenzen seiner Sinneserkenntnis überspringt und hellseherische Kräfte erlangt.

Wie kann das geschehen? Zum Beispiel durch den hinduistischen Yoga-Weg oder die abendländische Rosenkreuzer-Meditation. Beschrieben ist es auch in Rudolf Steiners Buch »Wie erlangt man Erkenntnisse der höheren Welten?«. Ich möchte hier nun keines dieser Systeme zitieren, sondern ein ganz aktuelles

---

[1] A.a.O. (Hervorhebung im Original).

Programm vorstellen, das Bewußtseinserweiterungs-
programm (»bep«) des New-Age-Verlegers und
Autors Helmut Josef Amendt.

3. Bewußtseinserweiterung — die getarnte Verführung

Ein Werbeprospekt darüber wird an sämtlichen Universitäten verteilt, vor allem an Studenten und Akade-
miker. In diesem Prospekt heißt es: »Jahrtausendeal-
tes Wissen, angereichert mit den modernen Erkenntnissen der heutigen Wissenschaft, wartet auf Sie. Und
ohne dieses Wissen haben Sie keine Chance.« Dann
werden dem begierigen Leser Erfolg, Reichtum, Gesundheit, mitreißendes Begeisterungsvermögen, Entfaltung ungeahnter Kräfte usw. versprochen, wenn er
das ungewöhnlich teure Programm anfordert und
praktiziert. Es kostet ca. 2.000 DM. Daß jedenfalls
der Verfasser, Herausgeber und Verleger in einer Person unbestreitbaren Erfolg mit seinem Programm hat,
ist deutlich, denn wie er selbst schreibt, verdiente er
schon mit 20 Jahren »fünfstellig« und war »mit 23
Jahren Inhaber einer eigenen Firma mit Umsatz in
Millionenhöhe«. Heute ist er dank der New-Age-
Bewegung »Inhaber und Teilhaber mehrerer Firmen«.[1]

Ich zitiere weiter aus dem Bewußtseinserweite-
rungsprogramm: »In unserem Bewußtseinserweite-
rungsprogramm (bep) wollen wir unabhängig von
einer bestimmten Religionsrichtung jedem einzelnen

---

[1] bep-Prospekt, S. 27.

den Weg zu sich selbst, zu seinem Ursprung zeigen. Ziel ist, den göttlichen Funken im Menschen freizulegen. (...) bep kann man vertrauen, denn bep ist keine obskure Erfindung, sondern das offengelegte ›Geheime Wissen‹ (...). Bei unserer Bewußtseinserweiterung müssen zum Teil ethische und moralische Grundsätze ausgetauscht werden, werden einige wegfallen, andere hinzukommen. Es wird sich ein völlig neues Weltbild auftun, das nicht mehr von Mangel und Begrenzung begleitet ist: ein Verständnis für tiefere Zusammenhänge in unserem Kosmos und noch weit darüber hinaus. Durch bep werden dem Teilnehmer natürlich auch gewaltige Kräfte zur Verfügung gestellt. Das Verwalten dieser Kräfte erfordert selbstverständlich auch eine entsprechende ethische Grundhaltung. Eingeweihte unterscheiden hier die schwarze von der weißen Magie.« Dann heißt es etwas weiter: »Mehr als 80 Prozent der Topmanager, die innerhalb von fünf Jahren den Gewinn ihrer Firmen verdoppelt hatten, besaßen überdurchschnittliche hellseherische Kräfte.«[1]

Bereits in diesen wenigen Sätzen dieses zentralen New-Age-Programms begegnen uns sämtliche Elemente einer okkulten Weltanschauung:

Erstens: Alle *Religionen* werden miteinander *vermischt.* Es heißt ja: »unabhängig von einer bestimmten Religionsrichtung« wird dieses Programm ausgegeben. Damit wird die einzigartige Wahrheit des christlichen Glaubens verleugnet.

Zweitens wird die *Vergottung und Selbsterlösung des Menschen* propagiert. Damit wird sowohl die mensch-

---

[1] A.a.O., S. 3 u. 8.

liche Sünde und Erlösungsbedürftigkeit geleugnet als auch die Existenz des persönlichen und souveränen Gottes. Für Amendt, den Verfasser von bep, ist Gott nur ein unpersönliches »Es«, eine »höhere Macht«, ein »Kontrolleur« usw. (S. 5).

Drittens wird ein »*geheimes Wissen*« offenbart — eine typisch okkulte Bezeichnung. Damit wird die biblische Offenbarung als einzig wirkliche göttliche Offenbarung abgelehnt, abgewertet oder umgedeutet, indem dieses geheime Wissen sich über sie stellt.

Viertens werden *neue moralische Grundsätze* geschaffen werden, wie er schreibt. Einige werden ausgetauscht, einige werden wegfallen. Damit erfolgt selbstverständlich eine Ablehnung oder Verwässerung biblischer Gebote. Die Zehn Gebote sind ja dann überholt — diese Ansicht trifft man heute weithin in unserer Gesellschaft.

Fünftens wird ein *neues kosmisches Weltbild* geschaffen, und zwar ist es das östlich-hinduistische Weltbild mit der Einheit von Mikrokosmos — man kann auch sagen »Atman« — und Makrokosmos — »Brahman« —, also mit der Einheit von individuellem Selbst und Weltseele, einer mystischen Verschmelzung, woraus dann die Entfaltung dieser Kräfte resultiert. Das aber bedeutet die Ablehnung des biblischen Redens von Gott, Mensch und Welt, wo Gott und Mensch in einem Gegenüber zueinander stehen als wirkliche Personen, wo keine unpersönliche Verschmelzung mit irgendeiner Kraft vorgenommen wird.

Sechstens erfolgt in den Programmen der New-Age-Bewegung eine *Entfaltung »gewaltiger Kräfte«* und ihre Anwendung in Form von schwarzer oder weißer

13

Magie. Da spielt dann die ethische Haltung keine Rolle, denn sowohl die schwarze als auch die weiße Magie (also etwa eine Beschwörung unter dem Zeichen des Kreuzes) kann von Satan gebraucht werden.

In 5. Mose 18, 9ff etwa ist eine deutliche Warnung vor *jeder* okkulten Betätigung ausgesprochen. Selbst wenn der Name Gottes angerufen wird zu magischen Zwecken, dann geht es nicht um Gott, denn hier wird »Gott« als Mittel zum Zweck degradiert. Wer das tut, der ist dem Herrn ein Greuel. Gott warnt vor Wahrsagerei, Hellseherei, geheimen Künsten, Zauberei usw.

So liest sich das bep-Programm wie ein Lehrbuch des Okkultismus (was es in Wirklichkeit auch ist). Da finden sich zum Beispiel Kapitel über Astrologie, Verkehr mit dem Unsichtbaren, Reinkarnation (Wiederverkörperung), Pendeln, Hellsehen, Hatha-Yoga, Hermetische Philosophie, die altindische Erlösungslehre, magische Handlungen usw. Wer nach Erweiterung seiner Kräfte sucht, gelangt so aber in den Bannkreis finsterer Mächte. Der Weg von unten nach oben führt den Menschen nicht nach ganz oben zu Gott, sondern nach ganz unten: in Bindungen satanischen Ursprungs, zu Dämonen, die ihm vorgaukeln, der Mensch könne die Grenzen seines Selbst aus eigener Kraft sprengen. Wer in den Bannkreis dieser Mächte geraten ist, kann davon wieder freiwerden durch das Blut Jesu, wenn er seine Sünde bekennt und in vollmächtigem Gebet Befreiung erwirkt wird (1. Joh 1,9).

Nochmals zurück zur Anfangsfrage: Ist die New-Age-Bewegung insgesamt ein Wegbereiter der antichristlichen Welteinheitsreligion, ja vielleicht sogar *der* Wegbereiter? Dazu muß ich etwas ausholen.

4. Theosophie — die antichristliche Wurzel

Betrachten wir zunächst die Wurzeln des New-Age-Denkens. Sie liegen im Jahre 1875, als unter Leitung des spiritistischen Mediums Helena Petrovna Blavatsky (1831 — 1891) die Theosophische Gesellschaft gegründet wurde. In ihren Büchern vertritt Blavatsky eine Weltanschauung, die sich aus Okkultismus, Gnosis und pseudowissenschaftlichen Spekulationen zusammensetzt. (Gnosis bedeutet allgemein: Streben nach übersinnlicher Erkenntnis.) Die Theosophische Gesellschaft verfolgt folgende drei Hauptzwecke:[1]

- »einen Kern der allgemeinen Bruderschaft der Menschheit zu bilden, ohne Unterschied von Rasse, Religion, Geschlecht, Kaste oder Farbe.« Das klingt ganz modern und fortschrittlich, aber was steckt dahinter? Dahinter steckt der aufklärerisch-freimaurerische Weltbruderschaftsgedanke, der sich gegen den Absolutheitsanspruch des Christentums und den Absolutheitsanspruch Jesu Christi richtet. Die Charakterisierung »ohne Unterschied von Rasse, Religion« usw. beschreibt also eine Weltbruderschaft, eine Welteinheitsreligion.
- »das vergleichende Studium der Religionen, der Philosophien und der Wissenschaften zu fördern.« Das »vergleichende Studium der Religionen« hat zur Folge, daß auch hierdurch Jesus Christus »eingeebnet« wird zu einem Religionsstifter neben anderen,

---

[1] Wiedergegeben nach: A. L. Matzka, Theosophie und Anthroposophie, Graz/Salzburg 1950, S. 51.

15

aber nicht als Sohn Gottes in einzigartiger Weise anerkannt wird.

- »die bisher unerklärten Naturgesetze und die im
  Menschen schlummernden Kräfte zu erforschen.«
  Damit sind die okkult-hellseherischen Kräfte ge-
  meint.

Alle diese Ziele wurden bis heute in der New-Age-
Bewegung beibehalten und in einer ungeheuren Re-
naissance wiederbelebt. Alle diese Ziele sind durchgehend antichristlich, indem sie die Gottessohnschaft
und die alleinige Erlösungsmittlerschaft Jesu Christi
leugnen (nach 1. Joh 2 u. 4: Wer ist der Antichrist,
wenn nicht der, der »leugnet«, daß Jesus der »Sohn«
Gottes und »im Fleisch gekommen« ist?) und indem
sie den Menschen durch Entfaltung okkulter Kräfte
zu seinem eigenen Gott machen wollen (1. Mose 3, 5:
Ihr werdet selbst sein wie Gott — das heißt nichts anderes als: Ihr werdet euch selbst verwirklichen und
dann keinen Gott mehr über euch anerkennen).

Nun unterscheidet freilich die Bibel — gerade im 1.
Johannesbrief — zwischen *dem* Antichristen und *den*
Antichristen, das heißt also: zwischen dem einen endzeitlichen, satanischen Weltherrscher, der *der* Antichrist ist in einer Person, und seinen vielen Vorläu-
fern, die es schon immer gab, die es auch heute gibt.
Es sind »schon viele Widerchristen gekommen« (1.
Joh 2, 18), und ganz gewiß gehört die Theosophie dazu, die von Blavatsky begründet worden ist. Das wird
zum Beispiel daran deutlich, daß 1913 unter ihrer
Nachfolgerin Annie Besant ein eigener Christus ausge-
rufen wurde, nämlich der Inder Krishnamurti. (Allerdings stellte sich dieser dann als »Mißerfolg« heraus.

16

Er selber zog sich von dieser Position zurück.) Von den Theosophen spalteten sich die Anthroposophen ab, die sagen: »Wir brauchen keinen fleischgewordenen Messias mehr.« Nach ihrer Überzeugung können wir alle durch Hellsehen das Göttliche in uns erkennen. Das sind feine Unterschiede, die aber an der grundlegenden gemeinsamen Lehre (Selbstvergottung des Menschen) nichts ändern. Für Anthroposophen ist »der Christus« nur ein Impulsgeber zur Selbsterlösung.

Die New-Age-Bewegung ist auf jeden Fall — darauf deutet alles hin — ein Wegbereiter des Antichristen. Ob hier bereits der Antichrist selber schlummert, möchte ich nicht entscheiden. Wir sollen über die Person des endzeitlichen Antichristen und den Zeitpunkt seines Kommens nicht spekulieren. Unser Herr Jesus Christus wird uns ersteren zeigen, wenn es so weit ist. Darauf dürfen wir vertrauen. Aber gleichzeitig ermahnt uns Jesus Christus, heute schon wachsam zu sein und die Zeichen der Zeit genau zu beachten. Denn nur dann können wir den Antichristen auch erkennen und uns gegen ihn wappnen.

5. Welteinheitsreich — die sanfte Unterwanderung

Wenn wir die Zeichen der Zeit beachten, dann fällt uns folgendes auf: Die Forderungen und Ziele der New-Age-Bewegung sind in fast allen Punkten identisch mit den Eigenschaften des antichristlichen Weltreiches. Als solche Eigenschaften und Kennzeichen werden in der Bibel zum Beispiel folgende genannt (hier die drei wesentlichen):

- ein *Welteinheitsreich,* in dem alle »einerlei Meinung« haben werden (Offb 17, 13),
- ein *einheitliches Weltwirtschaftssystem,* in dem »niemand kaufen oder verkaufen kann, wenn er nicht das Malzeichen hat, nämlich den Namen des Tieres oder die Zahl seines Namens (...), welche ist 666« (Offb 13, 17f),
- eine *Welteinheitsreligion,* in der »alle, die auf Erden wohnen«, den Drachen, also Satan, und das Tier aus dem Meer, also den Antichristen, anbeten, alle, »deren Namen nicht geschrieben sind von Anfang der Welt in dem Lebensbuch des Lammes, das erwürgt ist« (Offb 13, 8).

Konzentrieren wir uns auf diese drei Hauptkennzeichen, so bemerken wir, daß die New-Age-Bewegung sowohl ein Welteinheitsreich als auch ein einheitliches Weltwirtschaftssystem als auch eine Welteinheitsreligion herbeiführen will. Schauen wir zum Beispiel in die (medial empfangenen) Schriften von Alice Ann Bailey (1880 – 1949). Sie ist neben Blavatsky die Hauptbegründerin des New-Age-Denkens und war von einem glühenden Haß gegen das biblische Christentum erfüllt. Bailey entwarf Pläne für eine neue Weltordnung, ein universelles Kreditkartensystem und eine weltweite Nahrungsmittelverteilung. Sie entwickelte eine Theologie für eine neue Weltreligion und forderte die Vernichtung aller Religionen, die nicht zur Preisgabe ihres Absolutheitsanspruches bereit sind, also auch des Christentums. Doch es blieb nicht bei den Plänen. Bailey bereitete auch die organisatorischen Grundlagen zur Aufrichtung des Welteinheitsreiches vor. Sie organisierte die »Arkanschule«, die »Triangles«, die »Gruppe der Neuen-Welt-Diener«, die Aktion »Weltweiter Guter Wille« und andere Vereinigungen, auch die »Lucifer Publishing Company«, die später in den unauffälligeren Namen »Luci's Publishing Company« umbenannt wurde. Eine von Rudolf Steiner herausgegebene Zeitschrift hieß übrigens »Luzifer-Gnosis«.

Constance Cumbey hat in ihrem Buch »Die sanfte Verführung«[1] nachgewiesen, wie weit die Unterwanderung zahlreicher Institutionen (etwa der UNO, verschiedener Regierungen und sogar der Kirchen) durch die New-Age-Bewegung bereits fortgeschritten ist. Das möchte ich hier nur andeuten. Ich möchte grundsätzliche Aussagen machen und jetzt nicht Organisationen aufzählen, denn nur, wenn wir die Hauptkennzeichen kennen, dann können wir auch die Unterwanderungen in *allen* Organisationen erkennen. Die New-Age-Bewegung versucht ja, überall einzudringen, alles durch ihr Netzwerk zu erreichen.

Eine Bestätigung hierfür sind z.B. folgende Passagen eines Briefs vom »Institute for Planetary Synthesis« in Genf (ungekürzt abgedruckt in idea-Dokumentation Nr. 35/86):

»1. Wir arbeiten mit zahlreichen Freunden zusammen, die *in der UNO oder anderen internationalen Organisationen wichtige Schlüsselpositionen* haben. Der ›Einzug‹ eines neuen spirituellen Bewußtseins in die Weltorganisationen findet schon seit einiger Zeit statt. Aber auch hier darf nichts über-

---

[1] C. Cumbey, Die sanfte Verführung, Aßlar 1986.

eilt werden, damit nicht zu *starke Opposition* durch die *konservativen Kräfte* entsteht.
2. Diese globale Gruppenstrategie ›Einheit im Bewußtsein‹ treiben wir gemeinsam mit anderen Gruppen in ca. 30 Ländern voran, die für die Idee einer Zehn-Saatgruppen-Struktur ›offen‹ sind. Und damit befassen sich nun schon einige hundert Mitarbeiter rund um den Planeten in allen Kontinenten.
3. Synthetische Welteinheits-›Religion‹. Hier gibt es schon viele Gruppen, die *gezielt die neue Weltreligion anstreben.* Diese ist auf spirituellen Prinzipien und Gesetzen basiert wie die 12 Vollmonde im Jahr. Weil zu dieser Zeit ganz *bestimmte kosmische Energien in unseren Planeten strömen,* die nur in Gruppenformation empfangen werden können. Unsere Studie über die ›Arbeiter auf dem Gebiet der Religion‹ gibt mehr detaillierte ›Einsicht‹.«

Nachdem einiges über die Ziele der New-Age-Bewegung gesagt wurde, soll nun eine Darstellung der grundlegenden New-Age-Gedanken folgen. Wie versuchen die New-Age-Denker, ihre Lehre an den Mann zu bringen, ohne sogleich die Maske fallen zu lassen? Sie geben sich erstens wissenschaftlich und zweitens christlich.

6. Ökologie — die mißbrauchte Wissenschaft

Zum ersten Punkt: Musterbeispiele für Pseudowissenschaftlichkeit sind etwa die Bücher von Helena Petrovna Blavatsky selber, von Joseph Murphy, dem Vorreiter einer Religion des Unterbewußtseins[1] (»Die Macht Ihres Unterbewußtseins«), und von dem Physiker und angeblichen Heisenberg-Schüler Fritjof Capra. Vor allem Capras Bestseller »Wendezeit« droht zu einem Kultbuch der New-Age-Bewegung zu werden und (wie der Kritiker Hans-Jürgen Peters geschrieben hat) »zum Brückenkopf von bisher nebeneinander her existierenden Friedens-, Öko-, Einheits- und Feminismusbewegungen, zum Kristallisationskern von Grünen, Antiautoritären, Jungianern, Revolutionären, Bhagwan-Jüngern, Anthroposophen«.[2]

Was ist das Geheimnis seines »neuen Weltbildes«? Es ist die allseitige Vernetzung, das Ganzheitsdenken. Es ist die Entdeckung, daß keiner isoliert existiert, daß alles miteinander in Verbindung steht, alle Lebensprozesse, zum Beispiel in ökologischen Kreisläufen. So weit, so gut, denn allzu lange wurde die Ökologie (oder einfacher: der Umweltschutz) vernachlässigt, weil man lebendige Prozesse verneinte und in der Philosophie Subjekt und Objekt (etwa von Descartes her) auseinanderriß. Diese Denkweise müssen wir überwinden, das ist richtig. Aber die Grenze wird etwa bei Capra eindeutig da überschritten, wo er eine neue Spiritualität, eine Vernetzung auch auf geistigem Gebiet fordert — eine Vernetzung, die alle Religionen, Philosophien und Ideologien relativiert und zu

---

[1] Kritisch hierzu: L. Gassmann, Heil aus dem Unterbewußtsein? Joseph Murphys säkularisierte Mystik, in: factum Nr. 6/1984, S. 18 ff (= Teil 3 im vorliegenden Buch).
[2] H. J. Peters, Ein neues Weltbild. Überlegungen zu Fritjof Capras Buch »Wendezeit«, in: factum Nr. 7/8/1984, S. 36 ff.

einem Einheitsbrei verrührt. Eine solche Welteinheitsreligion als Überbau zum ökologischen Bewußtsein ist antichristlich und muß entschieden zurückgewiesen werden. Mag die Relativitätstheorie für den Bereich des Geschöpflichen zutreffen — am Schöpfer findet sie ihre Grenze: Gott ist der Unerforschliche und Bleibende, und sein Wort ist die absolut gültige Autorität.

Gleichermaßen antichristlich und gefährlich ist die Erwartung des Heils aus der Verbindung von Mensch und Natur, aus der Verbindung mit Muttergottheiten und mit der Naturgöttin Gaia (=Erde). Solche im Feminismus und in Naturreligionen vorhandenen Vorstellungen sind mit dem Evangelium unvereinbar.

Es ist kennzeichnend, daß Fritjof Capra gerade von alternativen und grünen Gruppierungen als Redner eingeladen wird. Kein Wunder, hat doch Reinhard König in seinem Buch »Geheime Gehirnwäsche« darauf hingewiesen, daß *die Grünen* »weltweit die erste politische Kraft« darstellen, »die sich die Durchsetzung des New-Age-Gedankens auf politischer Ebene zum Ziel gesetzt hat«.[1] Grüne Politik ist die Politik des »Neuen Paradigmas«, und »in den Parteiprogrammen und den Schriften der Grünen finden sich alle die Aspekte des New-Age, die bereits dargestellt wurden« bei König, nämlich Naturmystik und Naturreligiosität, Förderung des Weiblichen, Bejahung anderer sexueller Orientierungen (etwa Homosexualität), radikale feministische Frauenbewegungen, Friedensbewegungen mit dem Ziel eines Weltfriedens- und Weltein-

---

[1] R. König, New Age — Geheime Gehirnwäsche, Neuhausen-Stuttgart 1986, S. 42.

heitsreiches, Ablehnung bestehender gesellschaftlicher und politischer Strukturen und anderes.[1]

In der folgenden Zusammenfassung der New-Age-Grundthesen wird deutlich, wie der naturwissenschaftliche Bereich überschritten und der Bereich einer spirituellen Religiosität betreten wird, die zur antichristlichen Welteinheitsreligion führen kann. Dazu folgende fünf Punkte dieses Überbaus zum ökologischen Denken:[2]

Erstens: Alle Dinge stehen in einer inneren Abhängigkeit voneinander. Es gibt eine innige Vernetzung.

Zweitens: Das Universum ist in offenen dynamischen Systemen organisiert, die die Fähigkeit zur evolutionären Höherentwicklung haben. Die Evolution gehört also ganz offensichtlich zum Gedankengebäude der New-Age-Bewegung.

Drittens: Das Leben des Menschen in einem allseitig verknüpften Universum erfordert ein Bewußtsein, in dem sich der einzelne mit dem Ganzen verbunden fühlt. Auch hier begegnet uns unbiblisches Gedankengut in der Vorstellung der Verbindung zwischen individuellem Selbst und Weltseele.

Viertens: Das Einssein des Menschen mit dem Universum bildet die Nahtstelle zwischen Wissenschaft und Mystik. Bei Capra findet sich dieser Gedanke als zentrale Leitidee. Eines seiner Bücher heißt ja: »Das Tao der Physik«(Tao bedeutet: das absolute, voll-

---

[1] Vgl. a.a.O., S. 43. Vgl. als Kritiker auch: L. Gassmann, Die Grünen — eine Alternative? Kritische Überlegungen, Neuhausen-Stuttgart, 3. Aufl. 1987; und aus der Sicht der New-Age-Bewegung: C. Spretnak, Die Grünen, München 1985 (mit einem Vorwort von Fritjof Capra).

[2] Nach: R. König, a.a.O., S. 14 f.

kommene Sein). Naturwissenschaft, wie er sie versteht, und Mystik — etwa im Taoismus und Hinduismus — sind miteinander verbunden.

Fünftens: Der ganzheitliche Denkansatz des New Age drückt sich in dem Grundsatz aus: Denke global und handle lokal. Hier wird ein methodischer Hinweis gegeben, das weltweite Denken in das Handeln der Ortsgruppe einzubringen.

Lieblingsworte der New-Age-Bewegung auf pseudowissenschaftlichem Gebiet sind denn auch Holismus (Ganzheitlichkeit), Vernetzung, globales Dorf (weltweites Dorf, die Erde ist damit gemeint), sanfte Technologie. Diese Begriffe können auch durchaus positiv verstanden werden, wenn man sie rein auf Umweltschutz bezieht, aber sie werden für dieses Denken vereinnahmt und sind davon auch heute geprägt, so daß man sie kaum noch benutzen kann. Weiter: Androgynität (d.h. daß Mann und Frau ursprünglich Zwitterwesen gewesen seien; von dieser Vorstellung kommt dann die Bejahung der Homosexualität, des Lesbianismus usw. her, etwa bei den Grünen), Ganzheitlichkeit, Weltenbürger (ein freimaurerischer Begriff) usw. An die leider berechtigte Angst der Menschen vor Umweltkatastrophen und Kriegen wird angeknüpft, um sie für den Welteinheitsgedanken zu gewinnen. Hier müssen wir aufmerken. Die Ängste werden aufgegriffen, aber als Lösung wird dann die Welteinheitsreligion angeboten. An dieser Stelle beginnt die Verführung. Sie wird sehr geschickt getarnt und kommt im wissenschaftlichen Gewand einher.

7. Christus — der mißbrauchte Gottesname

Die zweite Art der Verführung erfolgt durch schein-christliche Tarnung. Es hieß bereits, die New-Age-Bewegung gibt sich christlich nach außen hin. Hier nun gilt es, die Geister zu unterscheiden. Christliche Grundbegriffe werden benutzt. Mit den biblischen In-halten haben diese nichts mehr gemein. Die New-Age-Bewegung wendet sich nicht einfach gegen Gott, ge-gen Christus, gegen Bekehrung usw. Das wäre viel zu plump. Sondern sie nimmt diese Begriffe auf, formt sie um und kopiert sie in einer täuschend ähnlichen Weise. Hier ist für Christen höchste Wachsamkeit geboten, denn unter denselben Bezeichnungen, unter denselben Namen verkündet die New-Age-Bewegung einen anderen Gott, einen anderen Christus und ein an-deres Evangelium. Im folgenden einige Beispiele:

Mit *Gott* ist, wie schon erwähnt, nicht mehr der le-bendige und persönliche Gott der Bibel gemeint, son-dern »das Göttliche« im Menschen und im Kosmos, eine unpersönliche Kraft, eine kosmische Energie usw., die man nur anzapfen muß, um dann zum Hellse-her zu werden.

Mit *Christus* ist nicht mehr der lebendige Sohn Got-tes, ist nicht mehr Jesus als einziger Erlöser und Weg zum Vater (Joh 14, 6) gemeint, sondern Jesus ist für die New-Age-Bewegung ein Religionsstifter unter vie-len. Und weiter tritt ein neuer Christus auf den Plan. Der »Lord Maitreya« wird er genannt, und zwar ist das die fünfte Verkörperung Buddhas im theosophi-schen System. Er wird auch als »Weltenlehrer« be-zeichnet, der angeblich alle Probleme löst und die Menschheit zu Frieden und Wohlstand führt. Das ist genau das, was der Antichrist tun wird: nach außen hin Wohlstand, nach innen hin Christenverfolgung. Jesus Christus warnt vor solchen falschen Propheten und Christussen, etwa in Matthäus 24, 24. Er warnt vor ihnen mit all ihren Zeichen und Wundern, die sie tun, mit all ihrem Blendwerk.

Das dritte ist der Begriff »Erlösung«. Mit *Erlösung* ist nicht mehr die Befreiung des Menschen von Sünde, Tod und Teufel durch das Kreuzesopfer Jesu Christi gemeint, wie es die Bibel sagt, sondern Erlösung heißt jetzt Befreiung des Bewußtseins zu übersinnlichen Erkenntnissen. Erlösung heißt im hinduistischen Sprachschatz »Erleuchtung«. Erlösung heißt Einswerden mit dem Göttlichen, heißt Selbsterlösung.

Gebet bedeutet nicht mehr Reden mit dem lebendigen Gott, sondern Gebet ist jetzt die Versenkung in das eigene Bewußtsein mit dem Ziel, ein Superbewußtsein zu erlangen, eine Steigerung des Bewußtseins zu übersinnlichen Zuständen. Gebet wird identisch mit hinduistischer Meditation.

Bekehrung bedeutet nicht mehr Hinkehr zu dem lebendigen Gott, sondern ganz einfach Hinkehr zum New-Age-Denken mit der nachfolgenden Transformation (=Umwandlung des Menschen), auf die ich gleich eingehen werde.

Diese Beispiele mögen genügen, um die totale Entleerung und Verkehrung des christlichen Glaubens durch die New-Age-Bewegung zu belegen.

8. Transformation — die geheime Gehirnwäsche

Der Begriff »Transformation« ist angeklungen.

Durch Transformation (Umformung) werden Menschen für das neue Welteinheitsreich geprägt und gefügig gemacht. Marilyn Ferguson beschreibt in ihrem New-Age-Buch »Die sanfte Verschwörung«[1] vier Stufen der Transformation:

Erste Stufe: *Einstieg*. Es beginnt ganz harmlos. Jemand hat ein Problem. Ein anderer rät ihm: »Ach, versuch es doch mal mit Pendeln oder Kartenlegen oder einem Volkshochschulkurs über Meditation.« So oder ähnlich — aus Neugier, Langeweile oder einer persönlichen Not — kann der Einstieg in das New-Age-Denken erfolgen. Ferguson schreibt: »Für die meisten ist dieses auslösende Moment eine spontane, mystische oder psychische Erfahrung gewesen.« Auch durch eine »psychedelische Droge« kann diese Erfahrung erreicht werden.

Zweite Stufe: *Erforschung*. Jetzt will der Betroffene wissen, was es mit dieser Erfahrung auf sich hat. Er besorgt sich Bücher über Pendeln, Meditation, Esoterik, östliche Mystik usw. Dadurch kommt er immer tiefer in die New-Age-Bewegung und in eine okkulte Verstrickung hinein. Ferguson drückt es so aus: »Nachdem der einzelne spürt, daß es etwas Wertvolles zu finden gilt, beginnt er mit Vorsicht oder Enthusiasmus danach zu suchen.«

Dritte Stufe: *Integration*. Jetzt ist der Suchende ganz in dem okkulten System gefangen. Er ist immer tiefer eingedrungen und lebt bereits mittendrin. Er lebt, wie Ferguson es bezeichnet, »mitten in dem Geheimnis«. »Obwohl es bevorzugte Lehrer oder Methoden geben mag, vertraut der Mensch einem inneren ›Guru‹.« Er

---

[1] M. Ferguson, Die sanfte Verschwörung, Basel 1982, S. 99 ff.

praktiziert die Übungen, die er kennengelernt hat, mit Überzeugung und Bewußtsein. Er meditiert, pendelt, legt Karten, befragt die Sterne usw. Warum tut er das? Um etwas über die Welt, über das Leben und über das Leben nach dem Tod zu erfahren. Vor allem das letztere ist für viele ein Grund. Der Mensch baut sich seine Lebensphilosophie als Jünger irgendeines esoterisch-okkulten Systems.

Vierte Stufe: *Verschwörung.* Jetzt wird der Jünger zum Verschwörer, zu einem solchen, der alle Leute von seiner neuen okkulten Weltanschauung überzeugen will. Er entwickelt einen geradezu missionarischen Eifer, um andere in sein System hineinzuziehen. Die gesamte Gesellschaft soll transformiert, soll verändert werden. Dazu sind ihm die okkulten Kräfte dienlich, die er gefunden hat.

Tatsächlich ist eine unheimliche Weltverschwörung im Gange. Die ständige Zunahme okkulter Zirkel, esoterischer Buchläden, abergläubischer Schriften, Bücher, Filme usw. beweist das. In sämtliche Gebiete dringt die New-Age-Bewegung mit einem atemberaubenden Tempo ein. Ihr Einfluß ist schon heute kaum noch zu überblicken.

New-Age-Autoren sprechen von einem weltweiten Netzwerk, das in den Anfängen schon da ist. Wenn ich nachfolgend versuche, einige Schneisen in dieses Geflecht einer weltweiten Verschwörung zu schlagen, dann im Bewußtsein, daß diese Aufzählung höchst unvollständig ist. Ich möchte trotzdem einige wichtige Hauptströmungen nennen, damit wir noch etwas konkreter wissen, wo wir als Christen vorsichtig sein sollten.

9. Okkultismus — die vielköpfige Hydra

Zunächst ist zu sagen, daß die New-Age-Bewegung sämtliche Gebiete des Okkulten, also des Abergläubischen, in sich vereinigt. Das gesamte Feld des Okkultismus gewinnt hier seine Krönung. Die vielfältigen Strömungen sind nicht mehr zu zählen. Einen Überblick vermitteln etwa die Bücher »Seelsorge und Okkultismus« und »Okkultes ABC« von Kurt Koch.[1] Zu den Strömungen, die gegenwärtig den größten Zuwachs erfahren, gehören zum Beispiel Astrologie, Tarot und Spiritismus.

Zu nennen sind auch Geheimbünde und Vereinigungen mit okkulten Wurzeln wie die Freimaurer, die Rosenkreuzer, die Theosophen, die Kosmosophen und die Anthroposophen.[2] Zu nennen ist ferner die explosionsartige Zunahme der Sekten und Jugendsekten, die hinduistische und spiritistische Elemente in sich vereinigen, vor allem die Christliche Wissenschaft (Christian Science), das Heimholungswerk Jesu Christi eines spiritistischen Mediums in Würzburg (auch Innere-Geist-Christus-Kirche oder Universelles Leben), die Neugeist- und Neugedankenlehre, Bhagwan,

---

[1] K. Koch, Seelsorge und Okkultismus, Aglasterhausen (viele Auflagen); ders., Okkultes ABC, Aglasterhausen (viele Auflagen); vgl. auch: H. Stadelmann, Das Okkulte, Gießen/Basel 1981; u.a.

[2] Kritische Literatur: A. L. Matzka, a.a.O.; M. Adler, Die antichristliche Revolution der Freimaurerei, Jestetten, 2. Aufl. 1981; ders., Kirche und Loge, Jestetten 1981; K. v. Stieglitz, Die Christosophie Rudolf Steiners, Witten 1955; J. Badewien, Anthroposophie — eine kritische Darstellung, Konstanz 1985; u.a.

Eckankar, Divine Light Mission, Scientology Church, Transzendentale Meditation usw.[1]

Zu nennen sind dann die Religionen selber, die den Plan einer Religionsvermischung anstreben, etwa der Taoismus, bestimmte Formen des Buddhismus, der Hinduismus mit seinen 330 Millionen Deva-Göttern[2] oder die Bahai-Religion.[3] Gerade der Hinduismus ist die ungeheuer aufsaugfähige Religion, denn bei diesen 330 Millionen Göttern hat auch Jesus Christus bequem Platz. Als ein Religionsstifter unter anderen wird er da auch bereits anerkannt, aber nicht als Sohn Gottes, was er in Wirklichkeit ist. Da müssen wir genau unterscheiden. Der Name Jesu bürgt noch lange nicht dafür (wenn er gebraucht wird), daß er auch richtig verstanden worden ist.

Zu nennen sind schließlich die mystischen Strömungen in allen Religionen, etwa die Kabbala im Judentum, der Sufismus im Islam, Meister Eckhard und die Gnostiker im Christentum usw. Sie wollen — und darin stimmen sie überein — durch ekstatische Zustände zum »Göttlichen« aufsteigen und geben

---

[1] Kritische Literatur: K. Hutten, Seher — Grübler — Enthusiasten. Sekten und religiöse Sondergemeinschaften, Stuttgart (viele Auflagen); F. W. Haack, Jugendreligionen, München 1979; diverse Veröffentlichungen von F. W. Haack und von der EZW zu Einzelsekten (Informationen bei: Evangelische Zentralstelle für Weltanschauungsfragen, Hölderlinplatz 2 A, D-7000 Stuttgart 1).

[2] Wissenschaftliche (aber nicht immer biblisch klare) Darstellungen bieten: H.v. Glasenapp, Die fünf Weltreligionen, Köln 1963 (Neuaufl. 1985); K. Klostermaier, Hinduismus, Köln 1965.

[3] Vgl. den Abschnitt über die Bahai-Religion in: K. Hutten, a.a.O.

damit — im Unterschied zu den »prophetischen« Strömungen — den Absolutheitsanspruch ihrer Religion
auf (vgl. Teil 3 im vorliegenden Buch, der Abschnitt
»Mystik«).

10. Philosophie — östlich beeinflußt

In der Philosophie sind solche Autoren als Wegbereiter des New-Age-Denkens zu sehen, die die Vernetzung von westlichem und östlichem Denken anstrebten und anstreben. Die einflußreichsten Vorläufer Capras in diesem Sinne dürften wohl Goethe, Schopenhauer und Erich Fromm gewesen sein, die auch den Anthroposophen und den Grünen — als gegenwärtig gesellschaftlich bedeutendsten Trägern des New-Age-Denkens — Impulse lieferten. Ich habe in meinem Buch über die Grünen ja sehr ausführlich auf die Vernetzung zwischen Hinduismus, Buddhismus, Schopenhauer und den Grünen hingewiesen.[1]

11. Kunst — märchenhaft garniert

Auch in allen Sparten der Kunst macht die New-Age-Bewegung heute ihre Einflüsse geltend. Das Musical »Hair« mit der Verkündigung des Wassermanns hat einen Anfangsstein gesetzt — »Aquarius«. Es folgte die Fantasy-Welle mit ihren Ersatzerlösern E.T. usw. Die Bücher von Tolkien (»Herr der Ringe« u.a.) und

---

[1] L. Gassmann, Die Grünen — eine Alternative?, Neuhausen-Stuttgart, 3. Aufl. 1987, S. 61 ff.

von Michael Ende zum Beispiel gehören in diesen Zusammenhang. Michael Endes »Unendliche Geschichte« schildert nichts anderes als die durch Bewußtseinserweiterung geschaute (anthroposophische) Geisterwelt. Ende ist ja Anthroposoph. Das, was Ende da märchenhaft garniert beschreibt, liest man bei Steiner als Wirklichkeit. Auf der Rückseite seines Buches steht das Motto des Satanisten Aleister Crowley »Tu, was du willst«.[1]

12. Medizin — kosmisch durchpulst

In der Medizin sind verschiedene Strömungen als Vorläufer oder Teile der New-Age-Bewegung anzusehen, die sich durch das Etikett »Ganzheitliche Medizin« tarnen.

Die Ganzheitliche Medizin bringt etwas Richtiges, indem sie den ganzen Menschen als Leib, Seele und Geist sieht und in ihren Heilverfahren berücksichtigt. Die Grenzüberschreitung vom naturwissenschaftlichen zum okkulten Bereich aber erfolgt da, wo nicht mehr nur der Mensch als Einheit an sich gesehen, sondern eine Einheit von Mensch und Universum behauptet wird, eine Einheit von Mensch und Kosmos. In solchen Heilverfahren kommt es dann zum Strömen einer unerklärlichen kosmischen Kraft, einer undefinierbaren Energie, ich würde sagen: einer magischen

---

[1] Kritisch z.B.: K. Berger, Michael Ende. Heilung durch magische Phantasien, Wuppertal 1985; W. Nitsche (Hrsg.), Science Fiction und Magie. Die okkulten Botschaften der Science-Fiction- und Fantasy-Filme, Berneck 1985.

Kraft, auch wenn das kaum zugegeben wird, die zum Beispiel die gestörte Harmonie zwischen Yin und Yang, zwischen Mikrokosmos und Makrokosmos, zwischen Ich und Universum wiederherstellen soll. Einige solche sogenannte Diagnose- und Heilverfahren sind Mesmerismus, Heilmagnetismus, Akupunktur, auch Homöopathie, anthroposophische Medizin, magische Handauflegung, Geistheilung, Yoga-Übungen, Autogenes Training, Rutengehen, Pendeln usw. Hier haben wir es nicht mit naturwissenschaftlich ableitbaren Wirkungen zu tun, sondern mit Kräften, die — geht man zu den Wurzeln zurück — einem okkulten, universistischen oder hinduistischen Weltbild entstammen. Sie gehören nicht zur Naturheilkunde im strengen Sinne. Jeder Christ möge hier anhand der vorhandenen Literatur weiterforschen und prüfen, ob er solche Verfahren (weiterhin) anwenden will oder nicht.[1]

13. Thanatologie — spiritistisch gefärbt

Bevor ich zum wichtigen Gebiet der Psychologie komme, muß ich noch auf die Thanatologie, die Sterbelehre eingehen. Die Sterbeforschung, die vor allem durch Raymond Moody und Elisabeth Kübler-Ross in den letzten Jahren einen ungeheuren Aufschwung erlebt hat, ist okkulten Ursprungs, denn beide Autoren hat-

---

[1] Kritische Literatur: S. Pfeiffer, Gesundheit um jeden Preis?, Basel/Gießen, 7. Aufl. 1985; M. Heide, Irrwege des Heils, Aßlar, 3. Aufl. 1986; R. König, Die sanften Heilverfahren, Neuhausen-Stuttgart 1987.

ten spiritistische Erlebnisse und verstehen sich als Anhänger der New-Age-Bewegung. An die Stelle der
Heiligkeit Gottes und an die Stelle des einmaligen ge-
rechten Gerichts nach dem Tod (Hebr 9, 27) setzen
sie spiritistische Lichterlebnisse (jeder, egal ob Christ
oder Nichtchrist, habe Lichterlebnisse und in der Regel wunderbare Erfahrungen) und die hinduistische
Lehre von der Reinkarnation, der Wiederverkörperung.[1]

14. Psychologie — der Schlüssel zur Macht

Auf die Psychologie muß ich etwas ausführlicher eingehen, weil hier die Methode der New-Age-Bewegung ansetzen könnte, um unser Bewußtsein zu trans-
formieren.

Ich zitiere zunächst aus dem Buch »Psychoboom«
von George R. Bach und Haja Molter. Sie schreiben:
»In der explosionsartigen Ausweitung des ›Psychobooms‹ zeigen sich (. . .) starke *Tendenzen, das isolier-
te, sich selbst entfremdete Selbst in einem ungeheuren
therapeutischen Enthusiasmus zum Gott zu erheben.*«[2]
Sie stellen fest, daß die Humanistische Psychologie
mit ihrer Hervorhebung und »Vergötzung des Selbst«
(wie ein Kapitel überschrieben ist) auf einer breiten
Basis — auch in den Kirchen — Wurzeln gefaßt hat.

---

[1] Kritisch hierzu: Ph. Swihart, Der Tod — wirklich anders?, Bad
   Liebenzell, 5. Aufl. 1985.
[2] G. R. Bach/H. Molter, Psychoboom, Düsseldorf/Köln 1976;
   zit. nach: H. J. Ruppert, New Age — Endzeit oder Wendezeit?,
   Wiesbaden 1985, S. 166 (Hervorhebung im Original).

Sie nehme »immer mehr die Stelle der herkömmlichen Seelsorge ein (. . .) So kann Psychologie zum neuen Erlöser, zur neuen Kirche werden.«[1]

Demgegenüber bleibt festzuhalten: Wir können dem Menschen in der Seelsorge nur helfen, indem wir ihm die Vergebung und die Befreiung von Jesus Christus her zusprechen, und nicht, indem wir versuchen, Selbstheilungskräfte in ihm zu mobilisieren, die er als unerlöster Mensch gar nicht hat, um wirklich heil zu werden. Vergebung etwa in der Seelsorge gibt es nur durch den Zuspruch des Erlösungswortes in Jesus und nicht, indem ich sage: Du bist ja in dir so gut und kannst dir selber helfen. Praktiken wie die Rogers-Therapie, die in der Theologenausbildung zumindest an Universitäten weitverbreitet ist, sind ein Unding, auch wenn sie heute in vielen Kirchen angewandt werden.[2]

Bach und Molter nun sind Kritiker des »Psychobooms«. Ihre Kritik ist umso beachtlicher, als einer der Autoren, nämlich George Bach, Gründer eines gruppentherapeutischen Instituts in Los Angeles ist und darüber hinaus in Esalen, dem gruppendynamischen »Weltzentrum«, tätig war. Der Psychoboom ist eine Erscheinung, die sich nahtlos in das New-Age-Bewußtsein einfügt. Hans-Jürgen Ruppert schreibt in seinem New-Age-Buch: »Wer den Annoncenteil der Zeitschrift ›Psychologie heute‹ aufschlägt, bekommt einen Eindruck, wie weit die gegenwärtige Psycholo-

---

[1] A.a.O., S. 159f.
[2] Vgl. kritisch hierzu: L. Gassmann (Hrsg.), Gefahr für die Seele. Seelsorge zwischen Selbstverwirklichung und Christuswirklichkeit, Neuhausen-Stuttgart 1986.

gie bereits von Okkultismus und östlichen Weltanschauungen unterwandert ist.«[1] Anknüpfungspunkt für die praktische Verwertbarkeit der New-Age-Spiritualität sind insbesondere die Psychotechniken, die in den vergangenen Jahren entwickelt wurden. Gemeint ist vor allem die Human-Potential-Bewegung. Ich zitiere weiter aus Ruppert: »Die Bezeichnung ›Human-Potential-Bewegung‹, die manchmal geradezu synonym zu ›New-Age-Bewegung‹ verwendet wird, wurde in den 70er Jahren für eine Reihe psychologischer Schulrichtungen, Zentren und Organisationen geprägt, die Sensitivitäts-Trainings und Selbsterfahrungsgruppen (encounter) betreiben. Sie ist sozusagen die ›Bewußtseinsfabrik‹, in der das neue Bewußtsein, die neue Spiritualität, die der Zeitenwende gemäß ist, produziert wird.«[2] »Das New Age ist die Erkenntnis unserer selbst«,[3] heißt es in der Zeitschrift »Esotera«. »Es ist ein großer Schritt zu uns selbst«,[4] heißt es da ebenfalls. Ruppert schreibt weiter: »Zur Human-Potential-Bewegung zählt man unter anderem die sogenannte ›Gestalttherapie‹ von Fritz Perls, die ›Bioenergetik‹ von Alexander Lowen, einem Schüler von Wilhelm Reich, der die Vorstellung von einer ›kosmischen Urenergie‹ oder ›Bioenergie‹ entwickelte.« Auch hier findet man wieder diese kosmische Urenergie. Ferner zählt man dazu die »Vereinigung für Humanistische Psychologie, die 1962 von Erich Fromm, Viktor Frankl und Abraham Maslow gegrün-

---

[1] H. J. Ruppert, a.a.O., S. 62.
[2] A.a.O., S. 56.
[3] Esotera Nr. 24/1980, S. 1106.
[4] A.a.O., S.1113.

det wurde. 1962 wurde auch das ›Esalen-Zentrum‹ von Michael Murphy und Richard Price in Big Sur in Kalifornien gegründet, das auch östliche Meditationstechniken in seine Arbeit aufnimmt. Es liegt auf einem alten Kultplatz der Indianer und hat seinen Namen von einem in der Gegend ansässigen Indianerstamm.«[1]

Ich möchte jetzt einige Berührungspunkte nennen zwischen dem New-Age-Bewußtsein und diesen Schulen der Humanistischen Psychologie:

● Das *taoistische Führungsprinzip.* In diesem »wird jeder einzelne aufgerufen, den ›Guru in sich‹ zu suchen«,[2] den inneren Leitgeist. Ähnlich sprechen humanistische Psychologen von »Selbstfindung«, »Selbstverwirklichung«, »Ausschöpfen des eigenen Potentials«.

● Ein *Gruppenbewußtsein* wird angestrebt, eine »neue Form des Bewußtseins (. . .), in der verschiedene Einzelbewußtseine sich verbinden und zu einem neuen, höheren aufsteigen, von dessen Kraft und Bedeutung wir uns bisher noch kaum eine wirkliche Vorstellung machen können«.[3] Indem wir uns verbinden, unsere Bewußtseine zum Weltbewußtsein, können wir diese Kräfte erringen. Auch in der Humanistischen Psychologie weiß man von dem Kräftepotential einer Gruppen- oder gar Welteinheitsmeinung, das durch Gruppendynamik erschlossen werden kann.

---

[1] H. J. Ruppert, a.a.O., S. 56f.
[2] E. Hanefeld, New Age — was ist das eigentlich?, in: Esotera 1980, S. 141ff.
[3] A.a.O.

● Ein *erweitertes, spirituelles Bewußtsein* »mißtraut jeder von außen kommenden Autorität und vertraut nur noch der eigenen Erfahrung. Die Transzendenz (die jenseitige Wirklichkeit) wird als Erfahrungsmöglichkeit begriffen«.[1] Genauso schreibt fast wörtlich Carl Rogers, einer der Hauptvertreter der Humanistischen Psychologie: Die durch Gruppendynamik veränderten Menschen »vertrauen ihrer eigenen Erfahrung und mißtrauen jeder äußeren Autorität«.[2] Sie hegen »Mißtrauen gegen eine kognitiv orientierte Wissenschaft« und glauben statt dessen »an das Okkulte, an das I-Ging und an die Tarotkarten«; sie haben Interesse an »Meditation (...), übersinnlichen Phänomenen (...), esoterischen und transzendentalen religiösen Einstellungen«.[3]

Warum habe ich so ausführlich darauf hingewiesen? Weil ich persönlich befürchte, daß die Gruppendynamik eine zentrale Methode sein könnte, um die Welteinheitsmeinung herbeizuführen, indem Menschen in solche (als Selbsterfahrungsgruppen, Sensitivity-Gruppen oder Encounter-Gruppen getarnte) Gruppen hineingeschleust und dort gleichgeschaltet werden in ihrem Denken, ihrem Bewußtsein und ihren Gefühlen. Gruppendynamik läßt sich (von ihren Wirkungen her gesehen) definieren als eine Methode zur bewußten Steuerung und Veränderung des Denkens und Handelns von Menschen, und zwar auf dem unterschwelligen Weg über das Gefühl. Die Verände-

---

[1] A.a.O.
[2] C. Rogers, Die Kraft des Guten, München 1977, S. 304.
[3] A.a.O., S. 301f.

rung zielt immer in Richtung der Einheit mit der Gruppenmeinung, die ihrerseits wieder von einem hierarchisch, also stufenweise angeordneten System von Gruppenleitern bestimmt wird. Das Zentrum dieser Manipulationshierarchie liegt allen Beobachtungen nach in Esalen/Kalifornien, wo sogenannte Supervisoren (Überwacher) geschult werden, um die Welteinheitsideologie mittels Gruppendynamik im Schneeballsystem zu verbreiten.[1]

15. Ökumene — die drohende Welteinheitsreligion

Die Welteinheitsideologie enthält als zentralen Faktor die Welteinheitsreligion.

Wie nahe wir der Welteinheitsreligion bereits gekommen sind, zeigt z.B. der »Weltgebetstag für den Frieden« am 27. Oktober 1986 in Assisi/Italien. Vertreter nicht nur sämtlicher christlicher Konfessionen, Kirchen und Freikirchen, sondern auch sämtlicher außerchristlicher Religionen waren der Einladung des Papstes gefolgt, »zusammenzukommen, um zu beten«. Man betete zwar (noch) nicht zusammen, aber man kam zusammen, um zu beten — jeder zu seinem Gott, Götzen, Natur- oder Ahnengeist. Obwohl man sich verbal vom Synkretismus (Religionsvermischung) abgrenzte, ging doch von diesem Treffen eine starke suggestive Wirkung in diese Richtung auf die Weltöffentlichkeit aus. Vertreter sämtlicher Reli-

---

[1] Kritisch hierzu: L. Gassmann, Gruppendynamik — Hintergründe und Beurteilung, Neuhausen-Stuttgart 1984; s. auch Teil 2 im vorliegenden Buch.

gionen saßen einträchtig beieinander. Die Frage lag nahe: Sollten sie nicht um des Friedens willen auch die Abgrenzungen gegeneinander aufgeben und enger zusammenrücken?

Friedensfrage und Umweltfrage drohen zu Motoren der Welteinheitsreligion zu werden. Die Bibel aber warnt uns: »Zieht nicht am fremden Joch mit den Ungläubigen. ... Wie stimmt Christus überein mit Beliar? Oder was für ein Teil hat der Gläubige mit dem Ungläubigen? Was hat der Tempel Gottes gemein mit den Götzen? ... ›Geht aus von ihnen und sondert euch ab‹, spricht der Herr« (2. Kor 6, 14 ff). Der Friede ist ein kostbares Gut, aber wehe denen, die um des irdischen Friedens willen Christus verraten und den ewigen Frieden mit Gott preisgeben (der allein auch die Grundlage für irdischen Frieden ist): »Fürchtet euch nicht vor denen, die den Leib töten, doch die Seele nicht töten können; fürchtet euch aber viel mehr vor dem, der Leib und Seele verderben kann in der Hölle« (Mt 10,28).

Eine Ökumene, die über den innerchristlichen Dialog hinausgeht, fügt sich nahtlos in das antichristliche New-Age-Denken ein. Auch hier gilt es wachsam zu sein, und zwar in besonderem Maß![1]

16. Wundersucht — das Einfallstor in die Gemeinde

Die Bibel spricht eine deutliche Warnung aus. Das

---

[1] Kritische Literatur: W. Künneth / P. Beyerhaus (Hrsg.), Reich Gottes oder Weltgemeinschaft?, Bad Liebenzell 1975; P. Beyerhaus, Der Anstoß von Assisi, in: Diakrisis Nr. 4/1986.

»Neue Zeitalter« der »Vereinigten Menschheit« ist nichts anderes als die Wegbereitung für das Reich des Antichristen, in dem alle einerlei Meinung haben. Nur die wirklichen Christen, die an Jesus Christus als ihren Erlöser und Herrn glauben und an ihm festhalten, werden dann Außenseiter sein. (Man weiß ja auch, daß heute schon in gruppendynamischen Sitzungen derjenige Außenseiter ist, der die Liebe zu Jesus und die biblischen Gebote höher achtet als die selbstgeschaffene Gruppenmoral.) Die Frage ist: Stehen wir an der Schwelle zu diesem Zeitalter? Die Mittel zur Vorbereitung dieses Reiches sind also da. Es könnte genau, wie der Verfasser von bep — natürlich enthusiastisch — schreibt, jene »ideale Kombination von jahrtausendealtem Wissen, eigenen Erfahrungen und modernen wissenschaftlichen Erkenntnissen« sein, jene Synthese, jene Verbindung aus »Esoterik, Grenzwissenschaften, Parapsychologie, praktischer Psychologie, Managementwissen und angewandter Philosophie«. Erinnern wir uns vielleicht, wie auch Bhagwan als Methode zum Gefügig-Machen seiner Anhänger die Kombination von östlicher Mystik und westlicher Psychologie propagiert.

Dave Hunt schreibt in seinem Buch »Götter, Gurus und geheimnisvolle Kräfte«: »Die meisten Sekten und Kulte sind in ihren Grundlinien gleich.«[1] »Diese Gemeinsamkeiten sprechen sehr für die Vermutung, daß hinter dem Vorhang ein einziger überlegener Geist alle Fäden der gegenwärtigen kultisch-okkulten Bewußtseinsrevolution in der Hand hält. Die Bibel nennt

---

[1] D. Hunt, Götter, Gurus und geheimnisvolle Kräfte. Was steckt hinter dem Sekten-Boom?, Basel 1984, S. 31.

Satan ›den Gott dieser Welt‹.«[1] Wir erleben heute buchstäblich die Erfüllung vieler Voraussagen der Bibel, zum Beispiel in Matthäus 24: »Mancher falsche Christus und falsche Propheten werden aufstehen und große Zeichen und Wunder tun, so daß, wenn es möglich wäre, auch die Auserwählten verführt würden.« Falsche Propheten, falsche »Christusse«, falsche »Messiasse«, Okkultisten, Ekstatiker und Pseudo-Charismatiker (im Unterschied zu echt von Gott Begabten) sind heute Legion. Die Suche nach dem Übersinnlichen und der eigenen Selbststeigerung, die Sucht nach Zeichen und Wundern bilden Einfallstore für Satan und seine falschen Propheten — außerhalb und innerhalb (!) der christlichen Gemeinde.[2] Indem der Mensch selbst wie Gott sein will, öffnet er sich diesen Kräften und nimmt alles an, um irgendwelche außergewöhnlichen (hellseherischen) Begabungen zu bekommen. Der Weg von unten nach oben aber führt den Menschen nicht zu Gott, sondern zu Dämonen, die ihm vorgaukeln, er könne aus eigener Kraft die Grenzen seines Menschseins sprengen — die alte Lüge der Schlange im Garten Eden.

17. Gotteskindschaft — die christliche Alternative

Aus den vorangegangenen Ausführungen wird die Ge-

---

[1] A.a.O., S. 24.
[2] Vgl. A. Seibel, Gemeinde Jesu — endzeitlich unterwandert?, Wuppertal, 5. Aufl. 1982; B. Peters, Zeichen und Wunder, Berneck, 3. Aufl. 1983; W. Tlach/R. Scheffbuch/M. Dieterich/W. Veeser, Biblische Grenzfragen im Bereich der »Neuen Spiritualität«, Neuhausen-Stuttgart 1986.

fahr deutlich erkennbar, der wir uns heute gegenüber-
sehen. Können wir uns mit Gottes Hilfe davor schüt-
zen und ihr mutig widerstehen, statt in hilflose Angst
zu verfallen? — Ja!

Wir sollen nicht das Spektakuläre suchen, sondern
bis ans Ende festhalten am Kreuz Jesu Christi. Das
Kreuz ist das Zentrum, in dem alles Heil verborgen
liegt. Denn es gilt nach wie vor: »Die Juden fordern
Zeichen, und die Griechen fragen nach Weisheit, wir
aber predigen den gekreuzigten Christus« (1. Kor 1,
22f). »Das Wort vom Kreuz ist eine Torheit denen,
die verloren werden; uns aber, die wir selig werden,
ist's eine Gotteskraft« (1. Kor 1, 18). Damit ist auch
die christliche Antwort auf das gesamte New-Age-
Denken gegeben: Wir brauchen keine Übermenschen
zu werden, wir brauchen unser Bewußtsein nicht zu
steigern, um die Probleme dieser Welt und unseres
Lebens zu lösen, sondern Jesus hat uns einen anderen
Weg gezeigt. Er bietet uns ein neues Leben an, indem
er am Kreuz für uns gestorben ist, indem er unsere
Schuld, unser verkorkstes Wesen auf sich genommen
und, indem er gestorben ist, unsere Schuld abgetragen
hat. Er bietet uns ein neues Leben an, indem er nicht
im Grab geblieben, sondern auferstanden und der
wirkliche Herr des Lebens ist. Jeder, der das im Glauben annimmt, braucht sich nicht mehr selber zu steigern und zum »Gott« zu werden, sondern er wird ein
Kind Gottes im Glauben an den wirklichen Gott, der
sich in Jesus Christus geoffenbart hat und in keinem
anderen. Nicht der Übermensch des titanischen Selbst-
steigerungsstrebens, sondern der neue Mensch mit
dem durch Jesus Christus erneuerten Herzen ist der
Ausweg aus den gegenwärtigen Krisen.

Die gesamte New-Age-Bewegung ist eine riesige Illusion und Verführung Satans, vielleicht die größte, die es jemals gegeben hat. Jeder ist aufgerufen, hier auch seinen Bekanntenkreis und weit darüber hinaus zu warnen. Werden wir auf diese Bewegung hereinfallen oder werden wir es lernen, auf Jesus Christus als den wirklichen, lebendigen Sohn Gottes zu vertrauen, der allein unser Leben und dadurch auch die Welt neu machen kann? Vor dieser Frage steht jeder von uns.

Was den Antichristen angeht, möchte ich sagen: Sein Reich wird kommen, die Bibel hat es uns ganz deutlich gesagt. Er ist keine Märchenfigur, und sein Reich wird äußerlich prächtig sein, aber für alle gläubigen Christen furchtbare Verfolgungen mit sich bringen. Wir müssen Verfolgung leiden, wenn wir es erleben. Auch heute schon leiden wir ja unter den ganzen Verführungen, unter den vielen Kulten und darunter, daß so viele Menschen den Weg des Lebens verlassen haben und falschen Christussen und falschen Göttern, antichristlichen Boten, nachfolgen. Aber unser Herr Jesus Christus ist der Sieger, und keiner kann uns aus seiner Hand reißen, wenn wir auf ihn vertrauen und wenn wir das Kreuz niemals aus der Mitte verlieren, das Kreuz, das uns das Heil verheißt. Ich möchte deshalb am Schluß aus Offenbarung 19 die Verse 6, 7 und 9 zitieren: »Und ich hörte, und es war wie eine Stimme einer großen Schar und wie eine Stimme großer Wasser und wie eine Stimme starker Donner, die sprachen: Halleluja, denn der Herr, unser Gott, der Allmächtige, hat das Reich eingenommen. Lasset uns freuen und fröhlich sein und ihm die Ehre geben, denn die Hochzeit des Lammes ist gekommen, und seine

Braut hat sich bereitet.« Alle werden dabei sein, die hier schon zu Jesus gehören. Die Zeit des Antichristen wird verkürzt werden um der Auserwählten willen. »Und er sprach zu mir: Schreibe: Selig sind, die zum Abendmahl des Lammes berufen sind. Und er sprach zu mir: Dies sind wahrhaftige Worte Gottes.«

18. New-Age-Strömungen — eine Übersicht

Die folgende Übersicht entstammt nicht der Feder eines Kritikers, sondern dem Buch des New-Age-Autors Theodore Roszak mit dem Titel »Das unvollendete Tier«[1] (vgl. Offb 13!). Dort zählt er auf, was seiner Ansicht nach zum »Grenzbereich der Aquarier«, also zum New-Age-Denken im weitesten Sinn, gehört bzw. diesem förderlich ist. Freilich ist diese Aufzählung unvollständig (es fehlen z.B. Autogenes Training, Freimaurer, Rosenkreuzer, Kosmosophen). Andererseits wird der unvorbereitete Leser über das Auftauchen mancher Namen und Praktiken erstaunt sein (z.B. Charismatische Gemeinden, gesunde körperliche Arbeit, Massage, Naturopathie). Man muß jedoch sehen, daß die New-Age-Bewegung solche Strömungen in ihr System zu integrieren sucht, weil sie (vielleicht zunächst rein phänomenologisch) hier Anknüpfungsmöglichkeiten an ihr eigenes Denken entdeckt. Marilyn Ferguson kann deshalb sogar schreiben: »Abgeschiedenheit in der Natur, Alleinflüge oder Segeln fördern die Erfahrungen des eigenen Selbst

---

[1] Th. Roszak, Das unvollendete Tier, Reinbek bei Hamburg 1985.

und ein Gefühl für Zeitlosigkeit« (Die sanfte Verschwörung, S. 98). Und Bach/Molter stellen fest: »Nun spielt die charismatische Gruppe eine ähnliche Rolle wie die Therapiegruppe oder die vielen Spielarten der Gruppendynamik, der Urschreitherapie oder Encounter-Groups, die überall aus dem Boden schießen. Ja, sie hat in verblüffender Weise die Erkenntnisse dieser Methoden vorweggenommen: daß man es lernt, die Alltagsbarrieren niederzureißen, die anerzogenen Hemmungen zu überwinden, die Gefühle herauszulassen und nicht zu verstecken, aufeinander zuzugehen, ein Klima des Vertrauens herzustellen. Und sie weiß, wie wichtig für all das der körperliche Ausdruck ist: das Handauflegen, die Hände erheben, sich an Händen fassen« (Psychoboom; zit. in: Ruppert, New Age, S. 161).

Solche Erfahrungen können zunächst neutral sein. Sie sind aber nicht mehr neutral, sobald sie als Mittel zum Zweck der im New-Age-System angestrebten Persönlichkeitsveränderung (Transformation) angewandt werden (vgl. auch den Einsatz zunächst harmlos scheinender Spiele in der Gruppendynamik, die eben nicht mehr neutral sind, sobald hierdurch Persönlichkeitsveränderung auf manipulativem Weg erreicht werden soll).[1]

Es sei fairerweise angemerkt, daß nicht alle Anhänger der nachfolgend genannten Strömungen mit der Einordnung ihres Systems in das New-Age-Denken einverstanden sind. Hier wären genaue Einzeluntersuchungen notwendig, die erst noch geleistet

---

[1] Vgl. L. Gassmann, a.a.O., S. 124; sowie Teil 2 im vorliegenden Buch.

werden müssen. Die nachfolgende Liste kann nur zu einer vorläufigen Orientierung dienen und soll zur Vorsicht gemahnen. Sie entstammt den Seiten 42-45 aus Roszaks Buch:

Jüdisch-christliche Wiedergeburt
Neuer Pfingstglaube (Jesus-Sekten und Kommunen)
Charismatische Gemeinden innerhalb der Großkirchen
„Right on" (das Sprachrohr der christlichen Befreiungsfront)
„Havurot"-Bewegung (die jüdische Gegenkultur)
Chabad-Häuser
Haus der Liebe und des Friedens in San Francisco (Rabbi Shlomo Carlebach)

Östliche Religionen
Zen
Tibetanischer Buddhismus
Tantrismus
Yoga
Sufismus
Subud
Bahai
Taoistischer Naturmystizismus
I Ging
Einzelne Gurus sowie Massenbewegungen:
Krishna-Bewußtsein (Meister Bhaktivedanta)
Transzendentale Meditation (Maharishi Mahesh Yogi)
„Divine Light Mission" (Maharadshi)

„Healthy-Happy-Holy-Organisation: 3 HO" (Yogi Bhajan)
Totaler Yoga (Meister Satchidananda)
Ananda Marga-Yoga
Meher Baba
„Naropa Institute-Dharmadatu" (Chögyam Trungpa)
Nyingmapa-Institut (Tarthang Tulku)
Sri Aurobindo
Meister Muktananda
Sri Chinmoy
Kirpal Singh
Guru Bawa
Baghwan Shree Rajneesh
Eknath Easwaran
Gopi Krishna
Meister Subramuniya
Buba Free John
Baba Ram Dass

Esoterische Wissenschaften
Vergleichende Religionswissenschaft (Zeitschrift der Traditionalisten)
Esoterische Gruppen:
Theosophie
Anthroposophie (Rudolf Steiner)
Gurdjieff – Ouspensky – J. G. Bennett – A. A. Bailey
Kabbalismus
Astrologie

„Humanistische Astrologie"
(Dane Rudhyar)
Alchimie
Tarot
Magie
Erdwahrsagung (Korn- und Kraftfelder)
Okkulte Geschichte (Atlantis etc.)

Eupsychische Therapien
Jungsche Psychiatrie
Gestalttherapie
Psychosynthese
Primärtherapie
Arica
Erhard-Seminar
„Centering"
Humanistische Psychologie
Transpersonelle Psychologie
Logotherapie
Synanon-Spiele
„Silva Mind Control"
Geist-Dynamik (A. Everett)

Geist-Heilung
Integrales Heilen
Akupunktur
Polaritätstherapie
Autogenese
Homöopathie
Naturopathie
Hypnotherapie
Aura-Seminare
Gehirn-Chirurgie
Regenbogendeutung
Yoga asana-Therapie
Elektronik
Pflanzenkunde
Juwel- und Blumenkunde
Introspektive

Biotonik
Medizinische Astrologie
„Aletheia Foundation"
(Jack Schwarz)

Körpertherapien
Sinnliche Wahrnehmung
Strukturelle Integration
(Rolfing)
Strukturelles Planen
Bioenergetik
Orgonomie
Alexander-Methode
Feldenkreis-Methode
Gesunde körperliche Arbeit
Massage
Körperlehre
T'ai chi ch'uan, Aikido und andere östliche Meditationsformen
Therapeutische Athletik
(Esalen-Sportzentrum)

Neoprimitivismus und Heidentum
Philosophische Mythologie
(Jung, Eliade, J. Campbell)
Hexenkult und Schamanentum (Don Juan, Rolling Thunder)
Freiwillig gewählter Primitivismus als Lebensstil
Anpassung an primitives Wissen und primitive Rituale

Organizismus
Ökologischer Mystizismus
Kulte der natürlichen Er-
nährung
Makrobiotik
Organische Landwirtschaft
Biorhythmus
Vegetarische Kost

»Wilde« Wissenschaft
Veränderte Be-
wußtseinszustände
Biofeedback
ASW und Parapsychologie
Traumforschung
Psychometrie
Psychedelische Forschung
Kirlianische Fotografie
Schmidt-Maschinen
Lebensfelder
Erforschung des gespalte-
nen Bewußtseins
Hypnose der Zeitrückkehr
Morphische Wissenschaft
(Whyte)
Visionäre Physik (das Uni-
versum als Bewußtsein)
Psychoenergetische Syste-
me
Parapsychisch/physische
Grenzbereiche
Thanatologie (Tod und
Sterben)
Synergistik (metaphysische
Geometrie: B. Fuller)
Forschungszentren:
Institut für Geisteswissen-
schaft (Edgar Mitchell)
Stiftung für Geistesforsch-
ung:
Geistspiele (Jean Houston)
Kundalini Forschungsinsti-
tut

Zentrale für Prämonition

**Psychologen, Spiritisten,
okkulte Gruppen**
Edgar Cayce
Uri Geller
Echankar
Stele-Gruppen
„One World Family"
„Höchstes Lichthaus"
„The Process"
Pyramidenforschung
Gnostica (okkulte Zeit-
schrift)

Psychotronik
Neurale Kybernetik
Medienmystizismus und
Elektroneuronik
Manipulation des Gehirns
durch Drogen und Elektro-
nik

Pop-Kultur
Science-fiction
Metaphysische Phantasie
UFO-Studiengruppen
Schwert- und Hexenro-
manzen (Tolkien, Peake,
Campbell, Lovecraft)
Phantasie der Comics
Punk Rock
Light shows und Multime-
dienspektakel
Filmfaszination
Drogen und unkontrollierte
Bewußtseinserweiterung

Gruppendynamik — der Weg zur Welteinheitsreligion?[1]

Durch Gruppendynamik werden Menschen in ihrem Denken und Handeln gleichgeschaltet. Gruppendynamik könnte ein entscheidendes Werkzeug zur Vorbereitung der antichristlichen Welteinheitsreligion sein. Tatsächlich werden im gruppendynamischen Weltzentrum in Esalen/Kalifornien (zugleich ein Zentrum der New-Age-Bewegung!) schon seit längerem Veränderungsagenten zur Verbreitung des »Neuen Denkens« geschult. Der folgende Aufsatz stellt dar, was Gruppendynamik überhaupt ist und welche Kritik aus wissenschaftlicher und aus christlicher Sicht daran angebracht werden muß.

1. Aktuelle Situation

»Wie empfinden Sie das?« — »Fühlen Sie, statt zu denken!« — »Lassen Sie alles los!« — »Vergessen Sie, was war! Leben Sie nur im Hier und Jetzt!« — »Die Gruppe ist bei dir.« —
Haben Sie solche Sätze schon einmal gehört? Dann waren auch Sie vielleicht schon einmal in einer gruppendynamischen Situation.

---

[1] Dieses Kapitel ist eine völlig neubearbeitete Fassung der Erstveröffentlichung, die unter dem Titel »Ist Gruppendynamik harmlos?« in factum Nr. 5/1985 erschienen ist.

Gruppendynamik ist heute beinahe allgegenwärtig. In Heilstätten und Schulen, in Selbsterfahrungsgruppen und Seminaren, in Ausbildungsprogrammen für die Wirtschaft und die Kirche, ja in fast jedem Ausbildungsgang überhaupt wird mit gruppendynamischen Methoden gearbeitet. In jedem Kurs, bei jeder Tagung, überall, wo sich eine Gruppe trifft, muß man damit rechnen, auf Gruppendynamik zu stoßen. Es braucht nur einer dabeizusein, der — oft unangekündigt — gruppendynamische Methoden einsetzt.

2. Gruppendynamik — was ist das?

Was ist Gruppendynamik überhaupt? Schon hier gibt es große Verwirrung. Gruppendynamik tritt fast nie unter ihrem eigentlichen Namen auf, sondern in vielfach veränderten Formen unter den verschiedensten Bezeichnungen. So wird eingeladen zu Selbsterfahrungs-, Encounter-, Sensitivitäts- und Gesprächsgruppen — und es handelt sich um Gruppendynamik. So nimmt man teil an einer Klinischen Seelsorgeausbildung, an einem Interaktions-, Konfrontations-, Kooperations-, Solidaritäts- und Kontakttraining — und man trifft auf Gruppendynamik. So hört man von Themenzentrierter Interaktion, Gestalttherapie, Psychodrama, Synanon, Transaktionsanalyse, Bioenergetik und Miniaturgesellschaft — und es ist Gruppendynamik. Ich erspare es Ihnen, die Ausgestaltungen der verschiedenen Formen zu beschreiben.[1] Das ist auch gar

---

[1] Für eine ausführliche Beschreibung siehe: L. Gassmann, Grup-

nicht nötig. Denn im Kern sind alle Formen gleich aufgebaut und haben das gleiche Ziel, nämlich die Veränderung von Menschen durch Menschen. Ein typischer gruppendynamischer Ablauf sei hier beschrieben:

Gruppen treffen sich in der Regel für ein Intensivwochenende (ca. 18 Stunden) oder eine Woche (ca. 40 Stunden) oder mehrere Wochen. Manchmal finden Gruppensitzungen auch ein- bis zweimal wöchentlich statt, jeweils z.B. 1 1/2 Stunden lang, für den Zeitraum eines Jahres oder länger. Die Zahl schwankt zwischen 8 und 15 Teilnehmern. Jeder Teilnehmer muß bestimmte Regeln beachten, z.B.: Wir leben im Hier und Jetzt; wir reden darüber, wie wir uns hier und jetzt fühlen, weniger über Vergangenes und Zukünftiges. Keiner soll sich hinter einem »man« oder »wir« verstecken; jeder soll in der »Ich«-Form reden. Jeder soll absolut »offen und ehrlich« sein. — Meist trifft sich die Gruppe gezielt in Absonderung von der Außenwelt, d.h. der Tagungsort liegt so, daß die Gruppe unter sich sein kann.

Die erste Phase ist das sog. »unfreezing«, d.h. das »Auftauen« starrer (»eingefrorener«) Erlebnis- und Verhaltensweisen. Sie kann z.B. dadurch eingeleitet werden, daß der »Trainer« oder »Therapeut«, der die Gruppe eingeladen hat, einfach schweigend und passiv dasitzt. Die Teilnehmer sind zunächst verwirrt und ängstlich. Dann äußern einzelne Unmutsgefühle: »Wozu sind wir überhaupt gekommen?« — »Das ist doch Zeitverschwendung!« — »Warum gibt der uns keine Antwort?« Die Angriffe können sich bis zum verba-

pendynamik — Hintergründe und Beurteilung, Neuhausen-Stuttgart 1984.

len »Killen des Trainers« steigern, der jedoch seltsamerweise gar nicht darauf reagiert. Plötzlich aber entwickeln einige Teilnehmer Mitleid mit dem Trainer und richten ihre Aggressionen gegen die Gruppenmitglieder, die ihn am heftigsten angegriffen haben. Viele geben ihre persönlichsten Meinungen preis. Damit ist das Gespräch auf die Gefühlsebene gelenkt. Das Gefühl (Emotion) wird zum »Material«, mit dem die Methode arbeiten kann.

Die zweite Phase setzt ein: »change« (»Veränderung«). Die Teilnehmer enthüllen nun ihre innersten Gefühle und Probleme. Der Trainer sowie Co-Trainer, »Reflektoren« oder »Veränderungsagenten« (Lewin), die manchmal unter die Teilnehmer gemischt sind, steuern das Gespräch in der gewünschten Richtung. Sie wissen dabei, wie sie die einzelnen Persönlichkeitstypen unter den Teilnehmern zu behandeln haben. Sie wissen auch, wie die Beziehungen (Sympathien, Antipathien) zwischen den Teilnehmern strukturiert sind. Treten z.B. Hemmungen auf, sich seelisch zu entblößen, dann beginnt der Co-Trainer als erster, seine Gefühle zu äußern. Die Mehrzahl der Teilnehmer schließt sich meist an (»Gruppenbeichte«). Wer sich nicht anschließt, wird zum Außenseiter abgestempelt. Der Gruppendruck wird für diesen schließlich unerträglich, so daß er darunter zusammenbricht und sich auch entblößt — oder die Gruppe verläßt. Ein solches Zerbrechen ist der Punkt, an dem die meisten offenkundigen psychischen Schädigungen bei Teilnehmern entstehen.

Haben alle Teilnehmer »gebeichtet«, dann kann die dritte Phase eingeleitet werden, das »refreezing« (»Wiedereinfrieren«). Ein wunderbares Gefühl der

Harmonie tritt ein, ein »Wir-« oder »Kollektiv-gefühl«. Nie haben sich die Teilnehmer vollständiger offenbart, nie sind sie vollständiger akzeptiert worden als in dieser Gruppe. Hier wird keine Schwäche und keine Sünde verurteilt, denn die neue Gruppenmoral lautet: »Alles ist erlaubt.« Es kann so weit kommen, daß die Teilnehmer einander die Schuld »vergeben« (»Gruppenabsolution«). Gelegentlich wird die eintretende psychische Veränderung als »Wiedergeburt« empfunden. Alle Werte, Regeln und Gebote (auch z.B. biblische Gebote!), alle weltanschaulichen, ethischen und religiösen Standpunkte sind nun nebensächlich; das Entscheidende ist das Vertrauen und die Wärme, die der erfährt, der sich der Meinung der Gruppe anschließt.

Es gibt gruppendynamische Methoden und Verfahrensschritte mit Worten (verbal) und ohne Worte (nonverbal). Einige Beispiele für nonverbale Methoden:

a) *Blindekuh-Spiel:* Um Berührungsängste abzubauen, müssen die Teilnehmer mit geschlossenen Augen im Raum umhergehen. Finden sich zwei Personen, tasten sie sich gegenseitig ab.

b) *Hahnenkampf:* Teilnehmer, die Aggressionen gegeneinander haben, müssen auf einem Bein hüpfen, aufeinanderprallen und schauen, wer der Stärkere ist.

c) *Schlagen:* Bis zur Erschöpfung auf Gegenstände einschlagen, um Aggressionen abzureagieren.

d) *Entspannungsübungen* mit z.T. buddhistischem, hinduistischem und okkultem Hintergrund (Zen-Meditation, Selbsthypnose usw.).

e) *Streicheln* u.ä.: Außenseiter erfahren eine »neue Geburt«, indem sie von den anderen Gruppenteilnehmern gestreichelt, zart berührt, gewiegt oder beim Sichfallenlassen aufgefangen werden.

Im Rahmen der gruppendynamischen Methode sind das nicht mehr »harmlose, neutrale Spiele«, sondern Mittel zum methodisch gesetzten Zweck der Veränderung von Menschen durch Menschen.

Oft werden gruppendynamische Veranstaltungen mit solchen harmlos scheinenden Spielchen begonnen, die jedoch für den einzelnen dramatische Folgen haben können. Hofmann berichtet von einem solchen Fall:

»Eine Pfarrwitwe mittleren Alters, die sich zum Gemeindedienst zurüstete, erlebte das sogenannte ›Streichhölzchenspiel‹ auf einer ›Seelsorgetagung‹. Der Leiter der Gruppe, ein Freund ihres verstorbenen Mannes, hatte ihre Wertschätzung. Als er das Hölzchen mit einem knackenden Laut in zwei Hälften brach und sagte: ›Jeder zerbricht sein Hölzchen und gibt es dem in der Gruppe, der ihm am unsympathischsten ist‹, rief sie spontan: ›Nein, das dürfen Sie nicht tun!‹ Daraufhin wandte er sich ihr zu und gab ihr wortlos das zerbrochene Streichholz. Sie erzählte uns: ›Nun war in mir ein Signal überfahren. Von nun an war ich ein fast willenloses Werkzeug in den Händen des Leiters. Bei allen kommenden Übungen wollte ich seine Anerkennung und Zuneigung zurückgewinnen. Ich konnte nicht mehr beten, und es kam bei mir zu psychosomatischen Störungen.‹«[1]

Nochmals die Frage: Was ist Gruppendynamik? Gruppendynamik ist zunächst ein Forschungsgebiet

---

[1] H. K. Hofmann, Psychonautik STOP, Wuppertal 1977, S. 53.

mehrerer Wissenschaften, die sich mit den Vorgängen in Gruppen beschäftigen. Was hier aber interessiert, ist angewandte Gruppendynamik als Methode. Es ergibt sich (von den Wirkungen her gesehen) folgende Definition: *Gruppendynamik ist eine Methode zur bewußten Steuerung und Veränderung des Denkens und Handelns von Menschen auf dem Gefühlsweg mittels einer Gruppe.* Gruppendynamik findet also *nicht statt, wenn sich eine Gruppe frei und ungezwungen über ein Thema unterhält. Frei ablaufende und nicht bewußt gesteuerte Gruppenprozesse sind als »Gruppendynamis« zu bezeichnen* (in Entsprechung zu »Thermodynamis« = freie Entfaltung von Wärmeenergie). Sobald jedoch der Leiter oder einer der Teilnehmer beginnt, bewußt Gefühle bei den anderen freizusetzen mit dem Zweck der Steuerung, wird das Gebiet der Gruppendynamik betreten (in Entsprechung zu »Thermodynamik« = methodische Erfassung und Beeinflussung von Wärmeenergie-Abläufen).

An der bewußten Steuerung also entscheidet es sich, ob Gruppendynamik vorliegt oder nicht. Wo gesteuert wird, ist Methode. Methode aber zerstört die Freiheit im mitmenschlichen Umgang. Im methodischen Korsett bleibt kein Raum für Spontaneität, Intuition und Liebe — alles Qualitäten, die nur der freie Mensch besitzt. Im methodischen Korsett herrscht auch nicht die Freiheit des Geistes Gottes, der »weht, wo er will. . .« (Joh 3,8). Deshalb kommt man in christlich verbrämter Gruppendynamik über »fromme Gefühlserlebnisse« nicht hinaus. Der Geist Gottes läßt sich nicht in eine Methode zwingen, ja er ist, wie wir jetzt sehen werden, mit der Methode der Gruppendynamik gänzlich unvereinbar.

56

3. Die Begründer — was wollten sie?

Warum sind Gruppendynamik und Geist Gottes unvereinbar? Weil die Begründer der Gruppendynamik Ideologen waren und ihre Methoden gestalteten, um ihre ideologischen (weltanschaulichen) Ziele zu erreichen. Ideologien sind Ersatzreligionen, Schein-Heilswege an Gott, dem Vater Jesu Christi, vorbei und gegen Gott.

Jesus sagt: »Ich bin der Weg, die Wahrheit und das Leben; niemand kommt zum Vater denn durch mich« (Joh 14,6). Die Ideologen aber wollen zu ihren eigenen, selbstgemachten Göttern kommen, indem sie Ideale (Bilder) aufrichten wie: Freiheit, Gleichheit, Brüderlichkeit, Nation, Übermensch, Wohlstand, Einheit usw. Statt an Jesus zu glauben, streben sie Idealen nach. Anstelle des wahren lebendigen Gottes der Bibel verehren sie tote Götzen ihrer menschlichen Überheblichkeit. Letztlich ist Ideologie also Selbstvergottung des Menschen, Streben nach übermenschlicher Größe im »Sein-Wollen-wie-Gott« (vgl. 1. Mose 3,5). Das aber ist die Ursünde des Menschen: Das Sein-Wollen-wie-Gott führt unaufhaltsam zur Trennung (Absonderung; daher das Wort »Sünde«) von Gott — und damit zur Einsamkeit.

Deshalb ist übrigens der Mensch, der Gott nicht kennt, auch in der Gruppe einsam. Er giert nach immer neuen Gefühlserlebnissen im Schoß der Gruppe, weil er die wahre Geborgenheit bei Gott nicht kennt. So aber erlebt er nie wahre Gemeinschaft.

Jacob L. Moreno, der »Vater« des Psychodramas

und der Soziometrie, sagt:[1] Es ist egal, ob Gott tot ist. In der Gruppe können wir ihn neu verkörpern und schaffen. »Jeder darf seine Version Gottes durch seine Handlungen zum Ausdruck bringen.« So gelangt Moreno zu der überraschenden Behauptung: »Gott ist nicht tot. Er lebt im Psychodrama!« Für ihn ist Gruppendynamik neben Kommunismus und Demokratie die dritte bedeutende Weltanschauung, nämlich die »therapeutische Weltanschauung« mit dem Ziel, eine einheitliche Gesellschaft zu schaffen. Solche Einheit wird aber nur auf Kosten der Freiheit erreicht. Für die Freiheit des einzelnen ist hier ebensowenig Raum wie für den wirklichen Gott.

Kurt Lewin schuf die psychologische Feldtheorie sowie den Begriff und die Grundstrukturen der Gruppendynamik. Auch er läßt der Freiheit des Menschen keinen Raum. Ja, er entwickelte Programme, um in gottähnlicher Macht das Verhalten von Menschen, Gruppen und ganzen Völkern geradezu labormäßig zu verändern[2] — höchste Perversion der Psychologie! Wie darf sich ein Mensch solche Macht anmaßen? Die Veränderung des Menschen steht allein Gott zu. Absolute Macht von Menschen über Menschen ist unmenschlich und macht unmenschlich.

Carl Rogers, der dritte wichtige Vertreter der Grup-

---

[1] Nachzulesen in: J. L. Moreno, Die Psychiatrie des zwanzigsten Jahrhunderts als Funktion der Universalia Zeit, Raum, Realität und Kosmos, in: H. Petzold (Hrsg.), Angewandtes Psychodrama in Therapie, Pädagogik, Theater und Wirtschaft, Paderborn 1972, S. 78ff, bes. 85ff; sowie: J. L. Moreno, Gruppenpsychotherapie und Psychodrama, Stuttgart 1959, Vorwort.

[2] Vgl. v.a. K. Lewin, Die Lösung sozialer Konflikte, Bad Nauheim, 3. Aufl. 1968.

pendynamik und Ziehvater der Encounter-Bewegung, hofft auf die neuen Menschen, die er aus gruppendynamisch erzeugten Kollektiven emporsteigen sieht. Sind solche Menschen erst einmal gruppendynamisch geprägt und verändert, dann vertrauen sie nur noch ihrer eigenen Erfahrung und mißtrauen jeder äußeren Autorität. »Weder Richter noch Priester noch Gelehrte können diese Menschen von irgend etwas überzeugen, das nicht durch ihre eigene Erfahrung bestätigt wird.«[1] Wo bleibt hier aber noch Raum für die Offenbarung Gottes? Sie läßt sich nicht mit menschlichen Möglichkeiten erfahren, sondern nur im Glauben dankbar erfassen. Faktisch bedeutet der neue Mensch von Rogers das Gegenbild des vom christlichen Glauben geprägten Menschen. Der Rogers'sche Mensch stellt seine eigene Erfahrung, d.h. sich selbst, über alles, auch über Gott, und hält sich dabei für frei. Er merkt jedoch nicht, daß er aufgrund seiner vorausgegangenen Vereinnahmung durch die Gruppe schon nicht mehr frei ist, sondern verändert und gleichgeschaltet mit allen anderen, die nun ähnlich wie er empfinden sollen — höchste Perversion des Freiheitsbegriffs![2]

So ergeben sich aus dem bisher Gesagten einige zentrale Kritikpunkte an der Gruppendynamik und den aus ihr entwickelten Methoden. Die Kritik ergibt

---

[1] C. Rogers, Die Kraft des Guten, München 1977, S. 304.
[2] Zur weiteren Kritik an Rogers und der von ihm maßgeblich beeinflußten Pastoralpsychologie vgl.: L. Gassmann, Heil aus sich selbst?, in: ders. (Hrsg.), Gefahr für die Seele. Seelsorge zwischen Selbstverwirklichung und Christuswirklichkeit, Neuhausen-Stuttgart 1986, S. 33-95.

sich sowohl aus wissenschaftlich-empirischer als auch aus christlich-biblischer Sicht. Zunächst gilt:

4. Keine weltanschauliche Neutralität

Gruppendynamik ist *nicht weltanschaulich neutral,* sondern wie jede Methode in Vorverständnisse eingebettet. Wir haben gesehen, daß die Begründer der Gruppendynamik Ideologen waren. Sie entwickelten ihre Methoden, um dem sündigen Streben des Menschen entgegenzukommen, selbst zu sein wie Gott. Von diesem Ansatz her wird deutlich: Gruppendynamik ist *mit dem christlichen Glauben unvereinbar.* Weiter wird deutlich: Es kann auch keine »getaufte« oder christlich verbrämte Gruppendynamik geben. Denn der gruppendynamischen Methode wohnt von ihren Wurzeln her eine unheimliche, ja dämonische Eigendynamik inne, die auch den erfaßt, der sie anwendet. Das wird im folgenden noch deutlicher aufgezeigt. Denn es gilt:

5. Ideologische Vereinnahmung

Gruppendynamik ist selber eine *Ideologie.* Wie jede Ideologie will sie den Menschen ganz vereinnahmen. Sie befreit ihn nicht zu größerer Mündigkeit, sondern raubt ihm seine Freiheit und manipuliert ihn. In die gesteuerte, unfreie Gruppe eingebunden, ist auch der einzelne in der Gruppe nicht mehr frei, sondern wird den Veränderungszielen des Gruppenleiters angepaßt. Das Fatale und Unheimliche ist nun aber, daß auch

60

der Gruppenleiter im Verlauf einer Sitzung ein Opfer der Methode werden kann. Gruppendynamik arbeitet ja mit Gefühlen. Sie will durch Manipulation auf der Gefühlsebene Meinungen und Verhaltensweisen verändern. Wird nun der Leiter von dem Gefühlsstrudel, den er selbst freigesetzt hat, erfaßt, dann verliert er mehr und mehr die Kontrolle über sich und über die Methode. Die Methode verselbständigt sich, und die Folgen sind unabsehbar. Aus christlicher Sicht muß man feststellen, daß es sich hier nicht nur um Gefühle, sondern um Geistes-, ja Geistermächte handelt, die sich verselbständigen können. »Im Griff nach dem Geistigen greift *der Geist selbst* nach dem, der nach ihm greift.«[1] Dämonische und menschliche Elementarmächte gewinnen hier Herrschaft über Menschen (vgl. Eph 6,12ff).

6. Welteinheitsgesellschaft

Gruppendynamik kann zu einer noch viel größeren Gefahr werden, wenn einer mit diesen Mächten umzugehen weiß. Wo ein Mensch so kaltblütig ist, eine gruppendynamische Sitzung zu steuern, ohne selbst von ihrem Sog erfaßt zu werden, da gewinnt dieser Mensch — im Bund mit diesen Gewalten — eine ungeheure Macht. Er kann Menschen steuern wie Marionetten. Genau das waren ja auch die Pläne von Moreno, Lewin und anderen: einen einheitlichen soziometrischen Aufbau der Gesellschaft durch Gruppendyna-

---

[1] S. Findeisen, Gruppendynamik in der Krise der Kirche, in: L. Gassmann (Hrsg.), a.a.O., S. 111 (Hervorhebung im Original).

mik zu schaffen — und das ist nur möglich durch Schaffung einer Einheitsmeinung. Wer dürfte sich jedoch als Mensch eine solche Macht anmaßen? Wird hier Gruppendynamik zum Werkzeug von Diktatoren? Ja, angesichts der Tatsache, daß Gruppendynamik beinahe allgegenwärtig ist, muß man fragen: *Sind wir bereits auf dem Weg in die gruppendynamische Diktatur?*

7. Verletzung der menschlichen Würde

Gruppendynamik *verletzt die Würde des Menschen,* die ihm Gott gegeben hat. Im menschlichen Intimbereich darf aber nicht einfach herumgestochert werden. Es darf Gartenbaumethoden geben, aber keine »Menschenbaumethoden«. An einem Fallbeispiel, das der führende Gruppendynamiker D. Stollberg selber schildert, wird deutlich, wie im gruppendynamischen Verlauf der einzelne als Mittel zur Verwirklichung von Gruppeninteressen mißbraucht und dadurch seine Personwürde mißachtet wird:

»Die Gruppe agiert durch ihre Mitglieder die verdrängten Impulse jener Teilnehmer, die gerade im Zentrum des Gesprächs stehen [...].

Dieser Spiegeleffekt ließ sich bei einem Teilnehmer besonders deutlich beobachten, der in Einzel- und Untergruppengesprächen außerhalb der offiziellen Sitzungen starke sadistische Phantasien sowie einen haßerfüllten Widerwillen gegen Mutter und Kirche (!) entwickelte. Der junge Mann galt in der Gruppe zunächst als ›aufreizend sanftmütig‹, ›pietistisch‹ und ›nicht aus der Ruhe zu bringen‹. Durch relativ ›deftige‹ biographische Erzählungen gelang es ihm, zum zentralen Gesprächsgegenstand zu werden. Die Gruppe allerdings hielt die — durchaus auf Tatsachen beruhende — Blutrünstigkeit und Unmoral seiner Berichte für ein Ablenkungsmanöver in etwa dem Sinne: ›So, nun habe ich euch doch einen harten Brocken zum Fraße vorgeworfen. Seid also zufrieden und verschont mich künftig vor intensiverem Interesse.‹ Er habe das ganze Manöver inszeniert, um von seiner eigentlichen Problematik abzulenken. Ein ›Heuchler‹ sei er, ein ›Feigling‹, ein ›Kriecher und Radfahrer vor der Gruppe‹, ein ›Sadist‹, ein ›ganz gemeiner Hund‹ usw. Die Angreifer steigerten sich bis zu einer ausgesprochen grausamen und sadistischen (verbalen) Orgie, in welcher das ›Opfer‹ regelrecht ›abgeschlachtet‹ wurde, ohne daß dieses in der Lage gewesen wäre, etwas von seiner eigenen aggressiv-sadistischen Potenz manifest zu aktivieren. Statt dessen ergriff der Betroffene schließlich die Flucht und entwickelte, nachdem ihn Teilnehmer mit Mühe wieder dazu bewegt hatten, zu den Sitzungen zu erscheinen, eine regelrechte Spiegelphobie (!), so daß auch der im Sitzungsraum vorhandene Toilettenspiegel für einige Zeit entfernt werden mußte. Die übrigen Gruppenmitglieder reagierten mit heftigen Schuldgefühlen.«[1]

8. Schädigungen

Gruppendynamik bringt nachweisbare *Schädigungen*

---

[1] D. Stollberg, Seelsorge durch die Gruppe, Göttingen, 3. Aufl. 1975, S. 89f.

mit sich. Um wirklich etwas zu »erleben«, muß sich der einzelne ganz in die Gruppe hineingeben. Er muß seine eigene Persönlichkeit aufgeben und sich verändern lassen. Er muß »verbluten nach außen« (Moreno). Dabei aber können Schäden entstehen wie: Angstzustände, psychotische Erlebnisse, Vertrauensunfähigkeit, Unfähigkeit zur Lösung von Problemen, Identitätskrise und Identitätszerbruch bis hin zur Selbstmordgefahr. Untersuchungen von Lieberman und anderen[1] haben ergeben, daß bei einem Drittel der Teilnehmer solche Schädigungen nachweisbar auftreten. Nicht größere Mündigkeit, sondern Lebensuntüchtigkeit, nicht Selbsterfahrung, sondern Selbstzerbruch wird also in der Gruppendynamik erreicht.

9. Gruppensucht

Gruppendynamik kann zur *Gruppensucht* führen. Der einzelne kann sich so in die Gruppe hineingeben und mit ihr verwachsen, daß er außerhalb der Gruppe nicht mehr lebenstüchtig ist. Er will und muß immer wieder zur Gruppe zurück wie ein Kind zur Mutter. Kann er das nicht, so wird er ein dauernd frustrierter Mensch sein. Auf die Faszination folgt die Frustration, auf die Begeisterung folgt die Enttäuschung, weil die wirkliche Welt ganz anders ist als die künstliche Gruppenwelt. Es gibt also so etwas wie Sucht im Blick auf die Gruppendynamik: Sehnsucht nach der

---

[1] Lieberman/Yalom/Miles, Die Wirkung von Encountergruppen auf ihre Teilnehmer — einige vorläufige Hinweise, in: Gruppendynamik Nr. 4/1974, S. 231-248.

Wärme in der Gruppe, der man sich ganz geöffnet hat, Sehnsucht nach immer neuen Gefühlserlebnissen und »Erfahrungen«. Für viele ist Gruppendynamik tatsächlich so etwas wie eine Droge. Sie kommen nicht mehr aus eigener Kraft von ihr frei. Sie meinen sogar, alle anderen zur Gruppendynamik »bekehren« zu müssen. Das sind dann die sogenannten »Gruppendynamik-Missionare«, die am liebsten die ganze Welt in ein gruppendynamisches Laboratorium verwandeln würden. Lassen wir uns von ihrer Begeisterung nicht mitreißen, sondern prüfen wir kritisch!

10. Keine Problemlösung

So zeigt sich, daß Gruppendynamik auch *zur Lösung von Problemen nicht geeignet* ist. Die Beschränkung oder Konzentration auf die Gefühlsebene ist eine zu einfache bzw. gar keine Antwort auf die komplizierten Probleme unserer Welt. Die Ausklammerung von Umwelt und Vergangenheit durch das »Hier-und-Jetzt-Prinzip« fördert Geschichtslosigkeit. Der Gesamtzusammenhang menschlichen Lebens wird zerstört. So wird wahre Identitätsfindung unmöglich. Der Psychologe H. M. Ruitenbeek meint: »Wissen und Intellekt außer acht gelassen, und wir enden in einer Gesellschaft von Schwachsinnigen.«[1] (Auch in der Themenzentrierten Interaktion, in der man sich um Themadiskussion bemüht, bleibt das Thema aufgrund bestimmter Regeln nur Auslöser eines gefühlsmäßigen

---

[1] H. M. Ruitenbeek, Die neuen Gruppentherapien, Stuttgart 1974, S. 167.

Selbsterfahrungsprozesses. Der Zielpunkt des Gesprächs liegt auch hier auf Gefühl und Befinden: »Wie empfinden Sie das?«).

11. Außerkraftsetzung biblischer Gebote

Gruppendynamik ist auch deshalb nicht mit dem christlichen Glauben vereinbar, weil sie *biblische Gebote außer Kraft setzen* will. Die neue Gruppenmoral lautet ja: »alles ist erlaubt« — und zwar innerhalb der Normen, die die Gruppe selber setzt. Nicht Gott, sondern die Gruppe wird hier zu ihrem eigenen Gesetzgeber. Das aber ist Auflehnung gegen Gottes Willen — und damit auch gegen Gottes Liebe, die in manchen Gruppensitzungen so viel beschworen wird. Denn wie sollte Gott dem seine Liebe erweisen, der sie gar nicht zu brauchen meint, sondern sich selbst seine Gebote setzt — der damit meint, auch seine eigene Vergebung bewerkstelligen zu können?! Weder Gottes Gebote noch Gottes Liebe werden hier ernstgenommen, sondern zu gruppendynamischen Gefühlserlebnissen verniedlicht. Gibt es eine größere Mißachtung von Gottes Heiligkeit und eine größere Perversion von Gottes Liebe?

12. Seelische Manipulation

Gruppendynamik bewirkt eine *seelische Manipulation* und tritt damit in Gegensatz zu geistlicher Gemeinschaft. Lebendige christliche Gemeinschaft aber läßt sich nicht »machen«, wie manche Pfarrer meinen, schon gar nicht durch psychologische Tricks und gruppendynamischen Druck. So entsteht höchstens *seelische*, gefühlsmäßige Gemeinschaft, aber keine *geistliche* Gemeinschaft. Lebendige christliche (und das heißt immer: geistliche) Gemeinschaft kann nur in festem Gegründetsein auf das biblische Wort von Gottes Geist geschenkt werden, der keinen verletzt und manipuliert. Kaum ein anderer hat die Unterschiede zwischen geistlicher und seelischer Gemeinschaft treffender gekennzeichnet als Dietrich Bonhoeffer (Gemeinsames Leben, München, 18. Aufl. 1982):

»Pneumatisch = ›geistlich‹ nennt die Heilige Schrift, was allein der Heilige Geist schafft, den uns Jesus Christus als Herr und Heiland ins Herz gibt. Psychisch = ›seelisch‹ nennt die Schrift, was aus den natürlichen Trieben, Kräften und Anlagen der menschlichen Seele kommt.

Der Grund aller pneumatischen Wirklichkeit ist das klare, offenbare Wort Gottes in Jesus Christus. Der Grund aller psychischen Wirklichkeit ist das dunkle, undurchsichtige Treiben und Verlangen der menschlichen Seele« (S. 22).

Als weitere Kennzeichen der geistlichen Gemeinschaft nennt Bonhoeffer u.a.: Wahrheit, Licht, Berufung, Agape; allein das Wort Gottes regiert und bindet. Demgegenüber trägt seelische Gemeinschaft die Charakteristika: Begehren, Finsternis, Zusammensein der »frommen Seelen«. Eros; Erfahrungen, suggestiv-magische Anlagen und Menschen regieren und binden. »So regiert dort der Geist, hier die Psychotechnik, die Methode, dort die naive, vorpsychologische, vormethodische, helfende Liebe zum Bruder, hier die psychologische Analyse und Konstruktion [...]« (S. 23).

Ein weiterer Unterschied muß beachtet werden: »Innerhalb der geistlichen Gemeinschaft gibt es niemals und in keiner Weise ein ›unmittelbares‹ Verhältnis des einen zum anderen, während in der seelischen Gemeinschaft ein tiefes, ursprüngliches seelisches Verlangen nach Gemeinschaft, nach unmittelbarer Berührung mit anderen menschlichen Seelen [...] lebt. Dies Begehren der menschlichen Seele sucht die völlige Verschmelzung von Ich und Du, sei es, daß dies in der Vereinigung der Liebe, sei es nun, was doch dasselbe ist, daß es in der Vergewaltigung des anderen unter die eigene Macht- und Einflußsphäre geschieht. Hier lebt der seelisch Starke sich aus und schafft sich die Bewunderung, die Liebe oder die Furcht der Schwachen« (s. S. 23 f).

»[...] seelische Liebe kann den Feind nicht lieben« (S. 25), sie liebt nur den Sympathischen, denn sie ist »Begehren«. Deshalb betreibt sie auch den »Ausschluß des Schwachen und Unansehnlichen« und damit letztlich »den Ausschluß Christi« (S. 29).

13. Die christliche Alternative

Eine zentrale Bibelstelle zum Thema »geistliche Gemeinschaft« ist Kolosser 2,2 ff:
»[...] damit ihre Herzen gestärkt und zusammengefügt werden in der Liebe und zu allem Reichtum des vollen Verständnisses, zu erkennen das Geheimnis Gottes, das Christus ist, in welchem verborgen

68

liegen alle Schätze der Weisheit und der Erkenntnis.«

Hier ist die Rede vom Herzen, vom heiligen, innersten Personzentrum. Die Herzen werden zusammengefügt, aber nicht durch Technik, sondern durch die göttliche Liebe (Agape), die Kraft schenkt, auch den Feind und den Unsympathischen zu lieben (Mt 5,43 ff). Und sie werden vorher nicht durch »Auftauen« geschwächt (die Identität des Gläubigen wird nicht zerbrochen), sondern sie werden gestärkt. Durch die Erkenntnis und Annahme des personalen und göttlichen Geheimnisses in Christus kann und wird dann (ohne gruppendynamische Manipulation) aus dem neuen Leben heraus eine Veränderung des Menschen eintreten, nämlich die von Gott gewirkte Heiligung (vgl. Röm 3-8).

Ein Bild soll das veranschaulichen: Wo unterschiedliche Menschen zusammenleben, kann, ja wird es zu Spannungen kommen. Es gibt Menschen, die in ihrem Wesen stachelig wie ein Igel und dickhäutig wie ein Elefant sind — und es gibt Menschen, die zartfühlend sind wie ein Veilchen. Normalerweise gehen sich solche verschiedenen Menschentypen aus dem Weg. Angst- und Haßgefühle zwischen ihnen sind an der Tagesordnung.

Gruppendynamische Methodiker, die Gemeinschaft herstellen wollen, gehen nun so vor, daß sie die Identität der gegensätzlichen Menschen aufzuweichen und einander anzunähern versuchen. Der Igel soll seine Stacheln verlieren, und das Veilchen soll stärkere Blätter bekommen. Unmittelbarer Kontakt wird angestrebt durch totale Enthüllung der Persönlichkeit mit dem Ziel ihres Zerbruches. Wo aber Methodik herrscht, bleibt für die Liebe kein Raum. Wo mit Angst und Zerbrechen der Persönlichkeit gearbeitet wird, da ist nicht die Liebe Christi, die die Furcht austreibt (1. Joh 4,18).

Christi Liebe hingegen akzeptiert die Persönlichkeit des einzelnen. Ihr Angriffsziel ist die Sünde, aber nicht der Mensch als solcher, der Mensch als Typ. Igel bleibt Igel und Veilchen bleibt Veilchen — beide sind angenommen in ihrer jeweiligen Eigenart. Wie aber kommt es zum Kontakt zwischen beiden? Indem Jesus dazwischentritt. Jesus trennt Igel und Veilchen im Blick auf die unguten Dinge zwischen ihnen — und er verbindet sie durch die Kraft seiner vergebenden Liebe. Jesu Liebe ist es, die die Herzen unterschiedlicher Menschen gleichermaßen erfüllen kann und dadurch geistliche Gemeinschaft begründet. Es entsteht keine »Gemeinschaft um jeden Preis«, auch auf Kosten der Wahrheit, sondern eine Gemeinschaft in Einheit *und* Wahrheit, in der Weisheit und Erkenntnis Christi.

14. Einheit — aber welche?

Somit ergibt sich im Blick auf den Einheitsgedanken folgender Gegensatz:

Die von *Christus* geschenkte Einheit bleibt auf Christus bezogen und konzentriert. Sie bezieht von ihm ihre Kraft und findet in ihm ihre geistliche Mitte. Was Wahrheit ist, entscheidet sich an Christus (Joh 14,6) und am göttlichen Wort (Joh 17,17). Die von Christus geschenkte Einheit ist *christozentrisch:* Christus steht im Zentrum. Jesus Christus spricht: »Ich bitte aber nicht allein für sie (die Jünger), sondern auch für die,

die durch ihr Wort an mich glauben werden, damit sie alle eins seien. Wie du, Vater, in mir bist und ich in dir, so sollen auch sie in uns sein, damit die Welt glaube, daß du mich gesandt hast« (Joh 17, 20f; vgl. auch Eph 4,1-6).

Die durch *Gruppendynamik* hergestellte Einheit hingegen bleibt auf die Gruppe bezogen und konzentriert. Sie bezieht von ihr ihre Kraft und ist auf den Gruppenkonsens (Übereinstimmung der Gruppenmitglieder) angewiesen. Was Wahrheit ist, bestimmt die Gruppe bzw. die ihr übergeordnete Manipulationshierarchie der Supervisoren. Biblische Wahrheit wird in der Gruppendiskussion relativiert und nicht als normativ anerkannt. Die Gruppeneinheit ist *anthropozentrisch:* Der Mensch (mit seinen wechselnden Meinungen) steht im Zentrum. Die Gruppeneinheit ist darüberhinaus *synkretistisch* (religionsvermischend): Wo es keine absolute Wahrheit gibt, gibt es auch keine absolute Religion. Sie tritt damit in Feindschaft zum christlichen Glauben, der Jesus Christus als persongewordene, absolute Wahrheit anerkennt (s.o.) und der bekennt: »In keinem anderen ist das Heil, ist auch kein andrer Name unter dem Himmel den Menschen gegeben, darin wir sollen selig werden« (Apg 4,12).

Auch die Einheit des *antichristlichen Weltreiches* wird synkretistisch sein. Der Antichrist wird den Absolutheitsanspruch Jesu Christi bestreiten, um sich selbst in den Tempel Gottes setzen zu können (2. Thess 2,4). Er wird »auftreten in der Macht des Satans mit allerlei lügenhaften Kräften und Zeichen und Wundern und mit allerlei Verführung zur Ungerechtigkeit bei denen, die verloren werden, weil sie die Liebe zur Wahrheit (!) nicht angenommen haben zu ihrer Rettung«

(2. Thess 2,9f). Er wird bewirken, daß auf Erden »einerlei Meinung« (Offb 17,13) herrscht und daß ihn »alle anbeten, deren Namen nicht geschrieben sind von Anfang der Welt in dem Lebensbuch des Lammes, das erwürgt ist« (Offb 13,8).

Zur Herbeiführung der antichristlichen Welteinheitsmeinung und Welteinheitsreligion könnte die Gruppendynamik — mehr noch als die modernen Massenmedien — eine entscheidende Methode sein. So wird sie denn auch nicht ohne Grund seit längerem von der *New-Age-Bewegung* propagiert und eingesetzt, und zwar zur Durchführung der individuellen und kollektiven Transformation (Umwandlung des Fühlens, Denkens und Handelns). In der Aufzählung der hierzu dienlichen »Psychotechnologien« nennt Marilyn Ferguson z.B. folgende gruppendynamische Techniken: »Psychodrama«, »Selbsthilfegruppen«, »Meditationsformen jeglicher Art«, »Gestalt-Therapie«, »Bioenergetik«, »intensive Erfahrungen persönlicher und kollektiver Veränderungen an gewissen Instituten, wie beispielsweise dem Esalen-Institut in Big Sur, Sensitivitäts-Gruppen, Encounter-Gruppen...«. »All diese Annäherungsmethoden können als *Psychotechnologien* bezeichnet werden — Systeme zu einer ausgewogenen Veränderung des Bewußtseins.«[1]

Die einzelnen Zellen des New-Age-Netzwerkes

---

[1] M. Ferguson, Die sanfte Verschwörung. Persönliche und gesellschaftliche Transformation im Zeitalter des Wassermanns, Basel 1982, S. 96-98.

sind Gruppen, durch die zunächst einzelne und dann die gesamte Gesellschaft gruppendynamisch verändert — *vereinheitlicht* — werden sollen.

Werden wir aufwachen und die Gefahr erkennen, ehe es zu spät ist?

Positiv denken und sein wie Gott —
Joseph Murphys Selbsterlösungsreligion

Eine wichtige Rolle innerhalb der New-Age-Bewegung nimmt die Lehre vom »Positiven Denken« ein. Der Mensch kann angeblich alles erreichen, wenn er auf das »Göttliche in sich« vertraut. Der folgende Aufsatz nimmt den Hauptvertreter dieser Lehre, Joseph Murphy, unter die Lupe.

1. Aktuelle Situation

»Ich denke positiv« — immer häufiger hört und liest man diesen Satz. Was hat es mit der Bewegung des »Positiven Denkens«, des »Neuen Denkens«, der »Neugedankenlehre« u.ä. auf sich? Als erste Antwort sei ein Auszug aus der Einladung zum ersten europäischen Kongreß des »Neuen Denkens« wiedergegeben: »Dieser erste europäische Kongreß des ›Neuen Denkens‹ hat sich zur Aufgabe gemacht, alle die Menschen zu vereinigen, die die geistigen Werte der östlichen Religionen mit christlichem Denken und tatchristlicher Lebenspraxis vereinigen möchten. Die Bewegung des ›Neuen Denkens‹ betont ganz gezielt die Selbstverantwortung und Eigengesetzlichkeit, die

Selbstbesinnung und Selbstverwirklichung des menschlichen Individuums im Einklang mit der Schöpfung, ihrem Schöpfer, also Gott, und der Bibel sowie anderer Heiliger Schriften. Das entscheidende der Lehre des ›Neuen Denkens‹ ist jedoch, daß nicht die ›Sündhaftigkeit‹ des Menschen, sondern seine ›Gotteskindschaft‹ hervorgehoben wird, wobei alle Menschen als Kinder Gottes betrachtet werden, ohne Ausnahme von anderer Religionszugehörigkeit, politischer Ansicht oder Rasse.«[1] Diese Bewegung kennt somit weder Sünde noch Erlösung durch Kreuz und Auferstehung Jesu. Sie ist ein Paradebeispiel für den Versuch des Menschen, Heil aus sich selbst zu schaffen. Sie ist eine Selbsterlösungsreligion. Der einflußreichste Autor dieser Bewegung ist Joseph Murphy.

2. Joseph Murphy — Leben und Lehre

»In den Seiten dieses Buches werden Sie die machtvollsten und unfehlbar aufbauenden, umwälzenden Erkenntnisse finden, und Sie werden wissenschaftlich erwiesene und in der Praxis erprobte Techniken kennenlernen, durch die Sie sich die unendlichen Kräfte Ihres Unterbewußtseins zunutze machen können. Mit Hilfe dieser Methode eröffnen sich Ihnen neue Bereiche des Geistes, und der bewußte Einsatz dieser Kräfte wird Ihnen all den Reichtum und den Überfluß bringen,

---

[1] Zitiert nach der Zeitschrift »Der Naturarzt«, Nr. 8/1983, S. 13.

den Sie sich schon immer erwünschten.«[1] »Wenn Sie in diesem Buch zu lesen beginnen, machen Sie einen entscheidenden Schritt, um Ihr Leben zu ändern. Wenn Sie dieses ›Schlüsselbuch des positiven Denkens‹ zu Ende gelesen haben, werden Sie einen Schlüssel in der Hand haben, der Ihnen das Tor zu einem neuen, von Frieden und Freude erfüllten Leben in materiellem und geistigem Überfluß öffnet.«[2] So oder ähnlich liest man es auf den Umschlagseiten Murphyscher Bücher. Nach diesen vielversprechenden Ankündigungen wird auf dieselbe Art der Autor vorgestellt: »Joseph Murphy, Dr. theol., jur., rer.nat., verstorben im Dezember 1981, vermittelte seit mehr als einem Vierteljahrhundert durch persönliche Beratungen und in öffentlichen Vorträgen unzähligen Menschen in aller Welt das Vertrauen in die Kraft des menschlichen Geistes. Er ist Verfasser von 25 Büchern, die in mehrere Sprachen übersetzt wurden und Auflagenziffern von weit über einer Million erreichten. Sein Studium der großen Weltreligionen hat ihn davon überzeugt, daß allem Leben eine universelle Kraft innewohnt.«[3] Viel mehr erfahren wir über den Autor nicht. Denn Murphy wird in der Wissenschaft nicht ernst genommen. Sein Name steht in keinem Lexikon, und aus seinen Werken wird in der seriösen psychologischen Literatur nicht zitiert. So gibt es meines Wissens bisher auch keine wissenschaftliche Aus-

---

[1] J. Murphy, Die Macht Ihres Unterbewußtseins, Genf, 23. A. 1981, Umschlagklappe (abgekürzt: Unterbewußtsein).
[2] J. Murphy, Die unendliche Quelle Ihrer Kraft, München 1983, Vorspann (abgekürzt: Kraft).
[3] A.a.O.

einandersetzung mit ihm. Dennoch muß diese Auseinandersetzung geführt werden — aus zwei Gründen:

a) Murphy ist Eklektiker. Er greift Elemente aus verschiedenartigen, aber miteinander verwandten Geistesströmungen auf. Diese Geistesströmungen ihrerseits sind ernst zu nehmen und einer Kritik zu unterziehen. Dies soll im Rahmen der Auseinandersetzung mit Murphy geschehen. Die wichtigsten Geistesströmungen, die bei Murphy zusammentreffen, sind Mystik, Pantheismus, Synkretismus, Okkultismus, Hedonismus, optimistischer Humanismus, Christian Science und Psychologie C. G. Jungs. Was bei Murphy besonders auffällt und was zu einer Kritik von der Bibel her berechtigt, ist, daß er viele seiner Aussagen mit Bibelzitaten zu stützen versucht.

b) Murphy ist ungeheuer einflußreich. Er verspricht den Leuten fast alles und hat dadurch enorme Verkaufszahlen. Seine Leser sind zu warnen — und dies soll hier geschehen. Zunächst wird seine Lehre im Zusammenhang dargestellt. Daraufhin werden in weiteren Kapiteln die Hauptquellen seines Denkens einer Beurteilung aus biblischer Sicht unterzogen.

»Es gibt eine universelle geistige Kraft. Nichts auf der Welt ist mächtiger als sie. Was immer Sie sich wünschen, diese Kraft vermag Ihren Wunsch zu erfüllen. Und diese Kraft ist geistiger Natur und in Ihnen. Es ist Ihr Geist, der Teil des universellen Geistes und eins mit ihm ist.«[1] Das ist der Kern von Murphys Lehre. Murphy setzt beim Menschen und seinem Glücksstreben an. »Tun Sie, wonach Ihr Herz Sie drängt, und tun Sie es aus reinem Vergnügen an der Sache.«[2] Alles — Gott, Glaube, Gebet, positives Denken usw. — wird diesem Glücksstreben untergeordnet und ist nichts weiter als Schlüssel zur Erfüllung möglichst vieler Wünsche.

Gott ist nach Murphy die »unendliche Heilkraft, die göttliche Vorsehung oder einfach die Natur, das Leben, das Lebensprinzip«.[3] »Psychologisch gesehen wird Gott für Sie das, als was Sie ihn betrachten... Ob Sie ihn die Heilige Dreifaltigkeit oder Schöpfer nennen, ob Allah, Brahma oder Wischnu, Überseele oder Vorsehung, unendliche Weisheit oder Allgegenwart, Erschaffer des Universums oder göttlicher Geist, höchstes Wesen, Lebensprinzip, lebendiger Geist oder schöpferische Allmacht — es tut nichts zur Sache.«[4] Der Mensch ist es somit, der sich kraft seiner Vorstellung seinen Gott erschafft. Und tatsächlich setzt Murphy Gott mit dem menschlichen Unterbewußtsein gleich: »Das Wort ›Herr‹ ist auszulegen als die Allmacht bzw. die unendlichen Kräfte Ihres Unterbewußtseins.«[5] »Ihr Geist ist Gottes Geist, Ihre Seele ist

[1] J. Murphy, Die Gesetze des Denkens und Glaubens, München, 2. A. 1983, S. 13 (abgekürzt: Gesetze).
[2] Unterbewußtsein, S. 113.
[3] Gesetze, S. 39.
[4] A.a.O., S. 67.
[5] Unterbewußtsein, S. 228.

Gottes Seele, und das Lebensprinzip (Gott) wirkt in Ihnen.«[1]

Glaube ist demzufolge ein »Gedanke« oder »Geistesinhalt«.[2] »Glauben bedeutet, etwas als wahr zu akzeptieren.«[3] »Nicht der Inhalt oder Gegenstand seines Glaubens ist es, der die Gebete eines Menschen wirksam gestaltet. Die Erhörung tritt vielmehr dann ein, wenn das Unterbewußtsein des Betreffenden auf seine Gedanken oder Vorstellungen reagiert. Dieses Gesetz des Glaubens entfaltet seine Wirkungen in allen Religionen der Welt und verleiht ihnen ihren psychologischen Wahrheitsgehalt.«[4] »Es gilt... sich... voll gläubigen Vertrauens auf die unbegrenzte Macht des Unterbewußtseins zu verlassen.«[5] Murphy lehrt den Glauben an sich selbst, an die im Unterbewußtsein schlummernden Kräfte. Von einem Glauben an Gott kann er nur insoweit sprechen, als er Gott und Unterbewußtsein identisch sieht. Zwischen Glauben und Denken besteht für ihn kein Unterschied. Deshalb braucht der Mensch nicht an eine außerhalb von ihm existierende Macht zu glauben, sondern kann durch Programmierung seines Glaubens bzw. Denkens sein Leben verändern: »Was Sie glauben, werden Sie.«[6] »Denken Sie Gutes, ist Gutes die Folge; denken Sie Schlechtes, ist Schlechtes die Folge.«[7]

---

[1] J. Murphy, Das I Ging-Orakel Ihres Unterbewußtseins, Genf 1980, S. 25 (abgekürzt: I Ging).
[2] Unterbewußtsein, S. 17.
[3] Kraft, S. 210.
[4] Unterbewußtsein, S. 17.
[5] A.a.O., S. 61.
[6] Gesetze, S. 35.
[7] I Ging, S. 39.

Das ist der Kernsatz der Lehre vom »Positiven Denken«.

Gebet nach Murphy ist Autosuggestion und Mittel zur Selbstverwirklichung. »Christen, Buddhisten, Mohammedaner und orthodoxe Juden werden in gleicher Weise erhört ... einzig und allein deshalb, weil sie geistig und seelisch von der Überzeugung durchdrungen sind, ihre Gebete würden erhört werden ... Im Grunde genommen ist ja die Erhörung eines Gebets nichts anderes als die Verwirklichung bestimmter Herzenswünsche.«[1] »Unter einem ›wissenschaftlichen Gebet‹ verstehen wir das harmonische Zusammenwirken der bewußten und unterbewußten Geisteskräfte, die mittels wissenschaftlich gesicherter Methoden zur Verwirklichung eines bestimmten Ziels eingesetzt werden.«[2] Murphy selber verwendet die Begriffe »Gebet« und »Suggestion« oft in austauschbarer Form. Zur Veranschaulichung sei ein typisches Murphy'sches Gebet wiedergegeben: »Ab sofort erwarte ich nur das Beste, und ich weiß, daß mir unweigerlich das Beste zuteil wird. Ich weiß, daß ich auf vielfältigste Weise Erfolg haben werde. Sobald ich dazu neige, meine Kraft zu bezweifeln, mich herabzusetzen oder zu verurteilen, werde ich nachdrücklich bekräftigen: ›Ich preise Gott in mir, der mich auf allen Wegen führt und über mich wacht.‹ Ich weiß, daß meine wirkliche Natur göttlich ist, daß Gott mir innewohnt und mich in jeder Weise gedeihen läßt. Ich entscheide mich für gute Leistung, Erfolg und Wohlstand. Göttliche Liebe geht mir auf allen Wegen voraus und ich

---

[1] Unterbewußtsein, S. 17.
[2] A.a.O., S. 15.

komme besser voran, als ich mir hätte träumen lassen.«[1]

Sünde ist laut Murphy nicht wirklich. »Gott in seiner Vollkommenheit sieht Sie makellos«,[2] weil ja jeder identisch mit dem vollkommenen Gott bzw. Unterbewußtsein ist. »Die einzige Sünde ist die Unkenntnis der Lebensgesetze.«[3] Sie liegt also nicht im Wesen des Menschen, sondern in seiner mangelnden Erkenntnis des »Wahren, Schönen und Guten«.[4] »Sündigen bedeutet ... am Sinn des Lebens vorbeigehen und vom Weg der Gesundheit, menschlichen Glücks und inneren Friedens abzuirren.«[5] »Ihr Ziel zu verfehlen bzw. nicht zu erreichen, ist Sünde — nicht mehr, nicht weniger. Sie sündigen daher, wenn Sie nicht Gesundheit, Wohlstand, Erfolg, Seelenfrieden, Liebe und Glück — echte Selbstverwirklichung — anstreben.«[6] Nicht die Trennung von Gott, sondern der Verzicht auf Steigerung des menschlichen Selbst ist somit laut Murphy Sünde.

Krankheit und Tod haben ebenfalls keine Wirklichkeit bzw. werden nicht ernst genommen. Krankheit ist nichts anderes als Folge von Irrglauben, grundlosen Befürchtungen sowie negativen Gedanken und Vorstellungen. Zu ihrer Heilung bedarf es nur einer geisti-

---

[1] Kraft, S. 142.
[2] Gesetze, S. 17f.
[3] Unterbewußtsein, S. 196.
[4] So das Motto des 1. europ. Kongresses des »Neuen Denkens«; vgl. »Der Naturarzt«, Nr. 8/1983, S. 13.
[5] Gesetze, S. 45.
[6] J. Murphy, Energie aus dem Kosmos, Genf 1977, S. 87 (abgekürzt: Kosmos).

gen Umstellung hin zum positiven Denken.[1] — Der »einzige wirkliche Tod« ist »ein psychologischer Prozeß und zwar von der Art, daß ein Mensch sich selber aufgebe, verkümmere, ja ›sterbe‹, indem er sich im Gefälle der Unwissenheit und Trägheit sowie der Furcht und des Aberglaubens treiben lasse. Darüber triumphieren Glaube und Begeisterung, Vertrauen und wahre Lebenserfüllung; sie erwecken einen Menschen zu neuem Leben«.[2]

Vergebung ist Selbstvergebung. Nach Murphys Konzeption kann der mit unserem Unterbewußtsein identische Gott weder richten noch vergeben, sondern uns in seiner Liebe nur mit allen erdenklichen Wohltaten überschütten. »Gottes Segnungen nehmen kein Ende. Es liegt Gottes Liebe fern, zu richten und zu verdammen ... Das Urteil wird von uns selbst gefällt auf Grund dessen, was wir begreifen und glauben.«[3] »Gott verurteilt niemanden, und wenn wir uns selbst verzeihen, wird uns verziehen. Selbstverurteilung ist die Hölle, Selbstvergebung ist der Frieden des Himmels.«[4] »Hölle« bedeutet »Einengung, Fessel«; »Himmel« bedeutet »Frieden, Harmonie und Gesundheit«,[5] ist also — wie die Vergebung — rein innerweltlich verstanden. Solche Vergebung, solche Erlösung, solches Heil kommt nicht von außen, wird nicht von einem wirklichen Gott zugesprochen, sondern es kommt von innen: aus dem Unterbewußtsein, wenn

---

[1] Unterbewußtsein, S. 92.
[2] Gesetze, S. 20.
[3] A.a.O., S. 17.
[4] Kraft, S. 216.
[5] Kosmos, S. 79.

82

ihm die richtige Geisteshaltung des positiven Denkens einsuggeriert ist.

3. Hedonismus — die Zielbestimmung

Der Begriff »Hedonismus« umfaßt verschiedene ethische Lehren, die im Empfinden von Lust (griech. hēdonē) den letzten Grund des sittlichen Handelns sehen. Murphy ist insofern Hedonist, als seine ganze Lehre auf die Gewinnung von möglichst viel Glück und Lust für den einzelnen zielt (Glück und Lust fallen bei Murphy zusammen). »Ihre Reise in die wunderbare Tiefenwelt Ihrer Seele wird Ihnen vielfachen Gewinn bringen. Sie befinden sich unterwegs zur Verwirklichung Ihrer Persönlichkeit und des Ihnen wie allen Menschen eingegebenen Glücksstrebens. Sie werden in klingender Münze entschädigt werden: durch Gewinn an Liebe, Gesundheit, Wohlergehen und Harmonie.«[1] Immer wieder verfällt er einem platten Materialismus: »Geld ist nicht nur etwas Gutes, sondern sogar etwas sehr Gutes.«[2] »Armut ist eine geistige Krankheit.«[3] Wer arm ist, hat noch nicht die richtige Geisteshaltung. Wer positiv denkt, dem werden sich alle Wünsche erfüllen. An anderer Stelle wiederum heißt es: »Reichtum allein macht nicht glücklich ... Nur aus der richtigen Geisteshaltung erwächst das Glück.«[4] Der Mensch kann »sein Glück nur in sich

---

[1] Gesetze, S. 14.
[2] Unterbewußtsein, S. 124.
[3] A.a.O., S. 123.
[4] A.a.O., S. 178.

selbst finden«.[1] Murphy empfiehlt auch die Zuwendung zum Mitmenschen, aber nicht um des Mitmenschen willen, sondern zur eigenen Glückssteigerung: »Am glücklichsten ist, wer sein Bestes verwirklicht und gibt.«[2] Auch hierbei also bleibt Murphy Hedonist. Denn im Hedonismus spielt der Mitmensch in Wirklichkeit gar keine Rolle.

Verfolgt man die Entwicklung des Hedonismus in der Religions- und Philosophiegeschichte, so fällt auf, daß er fast immer mit einem krassen Materialismus gepaart ist. Das Fehlen einer transzendenten Wirklichkeit führt zum übersteigerten Betrachten und Genießen des Immanenten. Wo die Bindung an ein Jenseits fehlt, geht der Mensch im Diesseits auf. — Schon das uralte nicht-orthodoxe indische System der Charvakas beruht auf der Voraussetzung, daß die Materie das allein Existierende ist. Weil alle Metaphysik abgelehnt wird, bleibt als höchstes und einziges Ziel die Sinnenlust. — Die wichtigsten Vertreter des Hedonismus in der griechischen Antike sind Aristipp, Hegesios von Kyrene und Epikur; ihre Nachfolger bei den Römern sind Lucrez und Horaz. Epikur (341-270) klammert — von Demokrits Atomlehre herkommend — jeden Einfluß von überirdischen Mächten auf Welt und Mensch aus. Er will den Menschen von Götterfurcht befreien und ihn so zu vollem Genuß des irdischen Lebens befähigen — allerdings nicht in zügelloser Triebbefriedigung, die Schmerz zur Folge haben kann, sondern in vernunftgesteuerter Gewinnung von Lust und Vermeidung von Unlust.

---

[1] A.a.O., S. 180.
[2] A.a.O., S. 182.

Unter der Übermacht des transzendenzbezogenen Christentums und der Stoa führte der Hedonismus lange Zeit ein kümmerliches Dasein, bis er in Form des Materialismus der Aufklärer, der Darwinisten und der Marxisten einen neuen Nährboden fand. (Der Utilitarismus von Bentham und Mill im 19. Jahrhundert allerdings ist noch kein ausgesprochener Hedonismus. Er betrachtet zwar Lustgewinn als Ziel menschlichen Strebens, aber eben Lustgewinn im Sinn von größtmöglichem Glück für die größtmögliche Zahl von Menschen, was dem egozentrischen Charakter des Hedonismus widerspricht.) — Der Marxismus sieht geistige Erscheinungen und Werte nur als Überbau ökonomischer Vorgänge an und gesteht ihnen keine Eigenbedeutung zu. Religion ist Opium für das Volk. Demnach bleibt nur das Leben hier und jetzt, und es gilt, ein diesseitiges Paradies zu schaffen, in dem jeder — eingebettet in das gesellschaftliche Kollektiv der Klasse (die sich nur unter Vernichtung der anderen Klassen konstituieren kann) — ein Höchstmaß von Glück erfahren kann. Hier wird der »kapitalistische« individuelle Egoismus auf einen Klassen- oder Gruppenegoismus ausgedehnt, was deutlich macht, daß es sich auch hier um Hedonismus handelt. — In neuerer Zeit gehen neomarxistische Denker wie H. Marcuse und W. Reich noch weiter und fordern als Voraussetzung für »Glück« und »befriedetes Dasein« (Marcuse) die totale Befreiung der Triebe, insbesondere des Sexualtriebs.

Nach diesem Überblick ist zu J. Murphy zu sagen: Bei ihm findet sich zwar nicht *explizit* die Paarung von Hedonismus und Materialismus. Aber auch er leugnet eine transzendente Wirklichkeit, indem er das Göttliche in den Menschen verlegt und somit den Menschen zu seinem eigenen Gesetzgeber und Glücksproduzenten macht. Indem er den Geist in die Materie zwingt, huldigt er *implizit* doch einem Materialismus — und es bleibt für ihn nichts anderes, als möglichst viel Glück in dieser Welt und in diesem Leben zu suchen.

Murphy und alle Hedonisten sind zu fragen: Was ist Lust? Was ist Glück? Gibt es nicht noch etwas Größeres, von dem her Glück erst definiert werden kann, nämlich *Heil?* Heil im biblischen Sinn (hebr. schalom, griech. eirēnē) meint Ganz-Sein, im Einklang stehen, Frieden haben mit Gott und den Menschen. Heil beinhaltet somit die Dimension über mir (Gott) und neben mir (die Mitmenschen). Heil ist nicht egozentrisch, sondern theo- und altrozentrisch bestimmt. In diesem Rahmen finde ich auch Glück, aber eben im Bezogensein auf Gott um Gottes willen und den Nächsten um des Nächsten willen, nicht im Kreisen um mich selber. Glück finde ich, wenn ich von mir wegsehe und hinsehe auf Gott und den Nächsten. Dann kann ich mich freuen mit den Fröhlichen und weinen mit den Weinenden (Röm 12,15) — und beides ist Glück. Dann kann ich Gott danken, daß er mich erlöst hat, dann kann ich ihm danken, wenn er mir Lasten auferlegt — und beides ist Glück. Denn Jesus hat mein Kreuz zuerst getragen und meine Last ein für allemal abgetragen: »Will mir jemand nachfolgen, der verleugne (!) sich selbst und nehme sein Kreuz auf sich und folge mir. Denn wer sein Leben erhalten will, der wird's verlieren; wer aber sein Leben verliert um meinetwillen, der wird's finden« (Mt 16,24f).

Und weiter die Frage, die an alle Hedonisten gerichtet sein könnte: »Was würde es dem Menschen helfen, wenn er die ganze Welt (mit all ihrer Lust, ihrem Glück; d. Verf.) gewönne und doch Schaden nähme an seiner Seele?« (Mt 16,26). Gibt es eine deutlichere Absage insbesondere an den hedonistischen Materialisten? Gibt es Glück — wahres, dauerhaftes Glück — ohne Blick auf Gott?

Schließlich ist festzustellen: Der Hedonismus geht von einem naiven Utopismus aus. Gewiß ist es zu begrüßen, wenn es dem Menschen möglichst gut geht. Gewiß soll jeder so glücklich sein, wie er kann. Aber in Wirklichkeit läßt sich das kaum erreichen. Im Gegenteil: Der Mensch, der ständig auf der Glückssuche ist, wird um so unglücklicher, wenn er das erstrebte Ziel nicht erreicht. Der Hedonist übersieht gern, daß Glück und Leid sich wie zwei Pole verhalten, von denen keiner fehlen kann. Leid ist eine menschliche Grunderfahrung, die niemals ausbleiben wird. Das Paradies auf Erden wird nie entstehen. Die realistischste Sicht unter den Hedonisten hatte noch Epikur. Er begegnete in Gelassenheit dem Leid und der Unlust und suchte durch seine innere Geisteshaltung auch daraus Lust zu gewinnen. Leid beginnt schon da, wo der Mensch mit seinem Glücksstreben an die Grenze des Mitmenschen stößt. Je mehr einer nach seinem eigenen Glück strebt, desto mehr Widerstand wird er beim anderen erfahren. Weitere Grenzen liegen in den eigenen schwachen Kräften und Mitteln sowie in den von Gott jedem Menschen gesetzten Schranken. Wer wie Murphy seinen Lesern alles verspricht, führt sie in tiefstes Unglück hinein, wenn die Erwartungen die Möglichkeiten übersteigen. Dazu siehe das nächste Kapitel.

4. Autosuggestion — die Methode

Murphy verspricht seinen Lesern viel, sehr viel. Und er kann auch erstaunliche Erfolgsberichte bringen. Worauf beruhen diese Erfolge? Auf Autosuggestion — einer Methode, die durchaus wirksam ist, aber mit Gebet im biblischen Sinn nichts zu tun hat.

Autosuggestion heißt Selbstbeeinflussung. Ausgehend von der ·Annahme, daß Hypnose eine normale, der Beeinflußbarkeit besonders zugängliche menschliche Erscheinung sei, hat E. Coué (1857-1926) diese Methode entwickelt. Murphy bringt also im Grunde nichts Neues, sondern baut auf den Erkenntnissen von Coué auf. Er verbrämt sie mit einer religiösen Sprache und verbindet sie mit seinem mystisch-säkularen Weltbild (s.u. Abschnitt 5, Mystik — die Religion).

Autosuggestion setzt voraus, daß im Menschen Selbstheilungskräfte vorhanden sind. Diese müssen nur aktiviert werden, dann treten Heilung, Besserung des Wohlbefindens und Erfüllung von Wünschen ein. Die Aktivierung von menschlichen Kräften geschieht durch dauerndes Bewußterhalten suggestiver Inhalte, etwa durch ständiges Wiederholen formelhafter Wendungen: »Es geht mir von Tag zu Tag immer besser und besser«; »Ich bin vollkommen, und vollkommene Harmonie durchströmt meinen Körper.« Murphy verwendet besonders gern Bibelsprüche als »Formeln« (!) — oder Wendungen wie »Die geistige Heilkraft ist allgegenwärtig«; »Wunderbar sind die Werke der mir innewohnenden Weisheit« usw. Als äußere Haltung wird ein tranceartiger Zustand empfohlen, in dem das Unterbewußtsein besonders aufnahmebereit ist: »Versetzen Sie sich in eine Art Dämmerschlaf und wiederholen Sie dann in völliger innerer und äußerer Ruhe ein und denselben Gedanken.«[1]

Die Wirksamkeit der autosuggestiven Methode auf psychosomatischem Gebiet ist unbestreitbar. Hier wird mit der Erkenntnis, daß der Mensch eine untrennbare Einheit von Leib, Seele und Geist ist, ernst gemacht. Viele körperliche Leiden lassen sich durch seelische Beeinflussung heilen. Ähnlich wirkt ja auch die Heilung durch Einbildung mittels des Plazeboeffekts (Scheinmedikament). Es ist aber falsch anzunehmen, daß *alle* Krankheiten auf diese Art heilbar sind. Es besteht die ernstzunehmende Gefahr, daß man sich einseitig auf die autosuggestive Selbstheilung verläßt und es dadurch versäumt, organischen Ursachen auf den Grund zu gehen bzw. anderweitige Hilfe in Anspruch zu nehmen. — Ferner kann derjenige, der Autosuggestion betreibt, einem ungesunden Wunschdenken verfallen, das zu Fehlverhalten in der konkreten Lebenswirklichkeit führen kann. Er erwartet alles von der Programmierung seines Unterbewußtseins und ist enttäuscht, wenn er Widerstand in der wirklichen Welt erfährt. Selbstverständlich schildert Murphy ausschließlich Erfolgsberichte. Diesen könnten aber mindestens genau so viele Versagensberichte entgegengestellt werden. — Zur Fragwürdigkeit der hedonistischen Ausrichtung der Autosuggestion s.o. Abschnitt 3.

Wie sieht im Unterschied zur Autosuggestion, die Murphy »Gebet« nennt, wirkliches, biblisches Gebet aus? Der biblische Beter erwartet nichts von sich und alles von Gott. Für ihn ist Gott nicht identisch mit der

---

[1] Unterbewußtsein, S. 88.

Macht seines Unterbewußtseins, sondern ein wirkliches, personales Gegenüber (vgl. hierzu 5.). Während die Murphy'schen »Gebete« Selbstgespräche sind, sagt der biblische Beter zu Gott »Du«. Während der Murphy'sche Beter Heil aus seinem Inneren erwartet, hofft der biblische Beter auf die gnädige Zuwendung Gottes von außen.

Er hofft darauf, aber er hat sie nicht in der Hand. Gott ist frei, Gebet auch *nicht* zu erhören oder in einer anderen Weise als erwartet. Deshalb betet der Christ: »*Dein* Wille geschehe« (Mt 6,10). Gott weiß über unser Bitten und Verstehen, was für uns *und* für den Nächsten gut ist. Er sieht weiter als wir. Er ist kein billiger Wunscherfüller, sondern der Herr der Welt, der uns lieb hat, aber auch straft, wenn wir ungehorsam sind (s.a. Abschnitt 5).

Es gibt so viele unvernünftige, egoistische und einander widersprechende Wünsche. Würde uns Gott alle Wünsche erfüllen, würde diese Welt im Chaos enden. Man weiß, wie schwierig, rücksichtslos und genußsüchtig Kinder werden können, denen ihre Eltern alles durchgehen lassen. Verwöhnung tut nicht gut. Auch Gott will uns nicht verwöhnen, sondern als verantwortliche Menschen haben, die für andere dasein können. Das ist Liebe. »Mein Sohn, verwirf die Zucht des Herrn nicht und sei nicht ungeduldig, wenn er dich zurechtweist; denn wen der Herr liebt, den weist er zurecht und hat doch Wohlgefallen an ihm wie ein Vater am Sohn« (Spr 3,11f). Wo findet sich ein solcher Gedanke bei Murphy?

Was ist nun aber mit den Bibelstellen »Wer bittet, dem wird gegeben« (Mt 7,7) oder »Alles, was ihr bittet im Gebet, werdet ihr empfangen, wenn ihr glaubt«

(Mt 21,22), die Murphy immer wieder anführt? Handelt es sich hier nicht doch um eine gewissermaßen automatische Wunscherfüllung? — Antwort: Nein. Der entscheidende Unterschied zwischen Murphy und der Bibel liegt in den drei Wörtern »wenn ihr glaubt«. Für Murphy ist Glaube nur eine Denkhaltung, letztlich das Vertrauen auf die Macht des eigenen Unterbewußtseins. Solcher »Glaube« kann wirklich durch Suggestion »Wunder« vollbringen im obengenannten Sinn. — Der biblische Glaube aber ist auf den wirklich existierenden Gott bezogen. Er ist kein Kreisen um sich selbst, sondern gewissermaßen ein Dialogverhältnis. Er ist offen für Korrektur von außen. Gott kann auch unsere Gebete korrigieren, wenn sie in seinen Augen »falsch« sind. Ein Christ wird deshalb — geleitet vom Heiligen Geist (Röm 8,15) — immer fragen (und zwar in dieser Reihenfolge): Herr, was willst *du?* Herr, was soll ich für die *anderen* erbitten und tun? Herr, was ist der Weg, den *ich* nach deinem Willen gehen soll?

Christliches Gebet ist immer Gebet im Namen Jesu: »Und was ihr bitten werdet in meinem Namen, das will ich tun, damit der Vater verherrlicht werde im Sohn« (Joh 14,13; vgl. Joh 16,24; Mt 18,20). Auf solchem Gebet, das aus der Glaubensverbindung mit Gott durch Jesus erwächst und das für Korrektur von Gott her offen ist, liegt die Zusage der Erhörung. Der Wille Gottes wird grundsätzlich in der Bibel erkannt und unter Leitung des Heiligen Geistes für konkrete Situationen offenbart (vgl. 1. Kor 14,37ff; 15,1f). Gott erfüllt nicht jeden Wunsch, aber er führt uns so, wie es am besten für uns und die anderen ist.

5. Mystik — die Religion

In Murphys Aussagen über Gott, Seele und Vergebung (siehe die Zitate in 1.) wird deutlich, daß er von einer säkularisierten Mystik ausgeht.

Mystik (von griech. *myein,* die Augen schließen und verstummen) ist Einkehr, inneres Erleben des Menschen mit dem Ziel unmittelbaren Einswerdens mit einem anderen, oft transzendenten Sein: mit einem objektiven Seinsgrund, mit der Geschichte, mit Gott, mit der Welt, mit dem Selbst usw. — je nach Ausgangspunkt. Mystik gibt es in vielfältigen Formen quer durch die Geschichte und Religionen. Es soll versucht werden, einige wichtige Systeme zu skizzieren und das jeweils Typische herauszustellen.

In den primitiven Religionen wird in einem individuellen ekstatischen Erlebnis Vereinigung mit einer Gottheit gesucht. Das ist die Wurzel aller Mystik. — Ziel der chinesischen taoistischen Mystik ist es, sein Selbst im namenlosen, ewigen, unpersönlichen Urgrund des Seins (Tao) zu verlieren. »Heimkehren zum Wurzelgrund heißt: Stille finden.«[1] — Die hinduistischen Upanischaden lehren als Weg, vom leidvollen Kreislauf der Seelenwanderung freizuwerden, daß man in mystischer Versenkung erkennen solle, daß der innerste Kern des menschlichen Selbst (Atman) identisch ist mit der Weltseele (Brahman). Erkenntnis ist die erlösende Macht. Die individuelle Existenz geht in der großen Weltseele unter: Brahma-Nirwana. (In den Bhakti-Religionen tritt an Stelle der unpersönlichen Weltseele eine Erlösergottheit.) — Indische Ein-

---

[1] Lao-tse, Tao-Te-King, Stuttgart 1972, S. 42.

92

flüsse sind in der abendländischen Philosophie erkennbar. So postuliert die platonische Seelenwanderungslehre die Gleichartigkeit von unsterblicher Menschenseele und Weltseele. Alle Erkenntnisse des einzelnen Menschen sind Wiedererinnerungen aus früheren Verkörperungen der Seele. Außerdem liegt im menschlichen Eros das Streben nach Gottähnlichkeit (aber nicht Vergottung!). Erst Plotin und andere Neuplatoniker machten daraus eine Identitätsmystik (Seele und Gott sind identisch).

Diese frühen Grundausprägungen der Mystik haben alle weiteren mystischen Systeme beeinflußt. Dabei ging die Mystik mancherlei Verbindungen ein, z.B. auch mit dem Christentum (Gnosis usw.). Als bedeutendster christlicher Mystiker sei stellvertretend Meister Eckhart betrachtet. Eckhart (1260 – 1327) sagt, daß Gott und die Seele des Menschen einander ebenbildlich sind. So wie über dem geoffenbarten dreieinigen Gott die absolute, ganz jenseitige, eine Gottheit steht, so steht über den drei Seelenkräften (Gedächtnis, Vernunft und Willen) das göttliche, edle, unverderbte Seelenfünklein des Menschen. Erlösung geschieht durch das Einswerden der Seele mit Gott. »... das Erkennen veredelt die Seele zu Gott hin, die Liebe eint sie mit Gott, und das wirkliche Erfühlen vollendet sie in Gott.«[1] Christus ist Vorbild für vollkommene Nachfolge, die zur Einswerdung mit Gott führt, aber er ist kein Erlösungsmittler. »In der Weise frei soll der Mensch sein, daß er keinerlei Schuld oder Unvollkommenheit in sich finde ... Die auf sich selbst verzichtet haben und Gott nachfolgen, von allem ge-

---

[1] Meister Eckehart, Schriften, Jena 1934, S. 97.

löst, wie könnte da Gott umhin: er *muß* seine Gnade in *die* Seele gießen, die in ihrer Liebe sich selber so ganz vernichtet hat.«[1]

In der Neuzeit tritt die Mystik in einer zunehmend säkularisierten Form auf. Gott wird (nun auch in seinem Wesen und seinen Eigenschaften) zunehmend vom Menschen, von der Natur, der Welt, der Geschichte, der Seele oder ähnlichem her bestimmt. — Der autonome Vernunftwille (Kant) des von Natur aus guten Menschen (Rousseau) bildet die Grundlage der sittlichen Mystik Fichtes (Gleichsetzung von moralischer Ordnung und Gott). — Der Pantheismus Spinozas wirkt weiter in der Identitätsphilosophie Schellings (Gleichsetzung von Natur und Geist). — Die Hegelsche Philosophie ist im Grunde eine Geschichtsmystik: Die Geschichte als solche ist Manifestation und Offenbarung der als Gott bezeichneten absoluten Idee, des absoluten Geistes. Die Geschichte selber also (nicht Christus) ist der Mittler. Eine ungebrochene Kontinuität zwischen Gott und Mensch wird angenommen. — In der vom deutschen Idealismus beeinflußten mystischen Gefühlsreligion Schleiermachers erscheint Sünde als notwendige Entwicklungsstufe, Erlösung als Evolutionsprozeß und Christus als nachahmenswertes Vorbild kraft seines vollkommenen »Gottesbewußtseins«. »Die Richtung auf das Gottesbewußtsein schließt als innerer Trieb das Bewußtsein des Vermögens in sich, mittelst des menschlichen Organismus zu denjenigen Zuständen

---

[1] A.a.O., S. 98f (Hervorh. i. Orig.).

des Selbstbewußtseins zu gelangen, an welchen sich das Gottesbewußtsein verwirklichen kann.«[1]

Innerhalb der seit 1900 datierbaren psychologischen Wissenschaft ist es besonders C. G. Jung, bei dem man eine ausgesprochene Seelenmystik finden kann: »Wie das Auge der Sonne, so entspricht die Seele Gott ... auf alle Fälle muß die Seele eine Beziehungsmöglichkeit, eine Entsprechung zum Wesen Gottes in sich haben, sonst könnte ein Zusammenhang nie zustande kommen.«[2] »Man hat mir ›Vergottung der Seele‹ vorgeworfen. *Nicht ich — Gott selber hat sie vergottet!*«[3]

Damit sind wir bei J. Murphy angekommen. Er scheint — auf den ersten Blick gesehen — eine theistische Mystik — eine Mystik der Identität zwischen Gott und Mensch — zu vertreten, wenn er schreibt: »Ihr Geist ist Gottes Geist. Ihre Seele ist Gottes Seele, und das Lebensprinzip (Gott) wirkt in Ihnen.«[4] Aber schon an diesem Zitat zeigt es sich, daß er mit »Gott« nicht Gott meint, sondern ein Lebensprinzip, konkret: »die Macht Ihres Unterbewußtseins« (»The Power of Your Subsconscious Mind«).[5] »Gott« ist abhängig von dem, was ich meinem Unterbewußtsein einsuggeriere — und ist damit nicht Gott im biblischen Sinn. »Das Wort ›Herr‹ ist auszulegen als die Allmacht bzw. die unendlichen Kräfte Ihres Unterbewußt-

---

[1] F. D. Schleiermacher, Der christliche Glaube, Berlin, 7. A. 1960, 2. Band, S. 525.
[2] C. G. Jung, Bewußtes und Unbewußtes, Frankfurt/M. 1982, S. 61f.
[3] A.a.O., S. 64 (Hervorh. i. Orig.).
[4] I Ging, S. 25.
[5] So der Titel von Murphys Hauptwerk.

seins.«[1] Murphys Mystik ist somit atheistisch, säkularisiert. Es *ist* aber Mystik, Versenkung in sich selbst mit dem Ziel, in sich das Heil zu finden: durch die Versöhnung von Bewußtsein und Unterbewußtsein und die daraus resultierende menschliche Macht, ja Allmacht. Es geschieht also nicht mehr die Vereinigung von Gott und Seele wie bei früheren Mystikern, sondern die Vereinigung von Bewußtsein und Unterbewußtsein mit dem Ziel, ein Machtpotential zur hedonistischen Erfüllung aller Wünsche zu erschließen.

Eine solche Konzeption setzt notwendig ein optimistisches Menschenbild voraus: Der Mensch hat einen freien Willen und ist autonom: »Sie selbst sind Ihres Glückes Schmied.«[2] »Sie können frei wählen. Entscheiden Sie sich für das Glück ... Gott (= das Unterbewußtsein; d. Verf.), der Ihnen den Wunsch eingab, wird Ihnen auch den Weg des Vollbringens weisen ... glauben Sie an sich (!) und die in Ihnen schlummernden Kräfte.«[3] Wer so an sich selbst glaubt, braucht zu seinem Heil keine bestimmte Religion mehr, geschweige denn Christus. Je göttlicher sich der Mensch fühlt, desto weniger braucht er einen Gott außerhalb von sich. »Die großen ewigen Wahrheiten und Lebensprinzipien, die uns heilen, inspirieren, segnen und erheben, sind älter als alle Religionen. Sie und ich werden jetzt eine Reise in die tiefsten Bereiche Ihres Geistes unternehmen, werden beobachten, wie das geistige Prinzip wirkt, und die wunderbare, magische, heilende, verwandelnde Kraft kennen-

---

[1] Unterbewußtsein, S. 228.
[2] Gesetze, S. 104.
[3] A.a.O., S. 108.

lernen, die alle Tränen trocknet.«[1] So versteht es sich
von selbst, daß Murphy alle Religionen und alles Sein
lediglich als Ausgestaltungen, Emanationen dieser Lebensprinzipien sieht und einem ausgesprochenen
Synkretismus (Religionsvermischung), Panpsychismus (Vergöttlichung der Seele) und Pankosmismus
(Vergöttlichung der Welt) huldigt. (Panpsychismus
und Pankosmismus sind säkularisierte Sonderformen
des Pantheismus.) Tendenzen zum Pantheismus, zum
Synkretismus, zur Vergottung des Menschen u.ä. finden sich übrigens bei den meisten Mystikern.

Im folgenden soll aus biblischer Sicht eine grundsätzliche Beurteilung der Mystik versucht werden mit
besonderer Ausrichtung auf J. Murphy.

Der bei allen Mystikern am meisten zu kritisieren-
de Punkt — und auf den will ich mich beschrän-
ken — ist das Heils- und Erlösungsverständnis. Mystik ist das Streben nach Heil oder Erlösung unter Um-
gehung von Kreuz und Auferstehung Jesu Christi im
biblischen Sinn. Durch Suche nach Direktkontakt mit
Gott, dem Seinsgrund, Tao, der Geschichte, dem absoluten Geist, der Macht des Unterbewußtseins usw.
will man zu Erlösung, Vollkommenheit, Erkenntnis,
Heil, Heilung usw. gelangen. Im Grunde ist Mystik,
auch wo von einer transzendenten Macht die Rede ist,
immer der Weg von unten nach oben, die Selbsterhebung des Menschen zu einer höheren Daseinsstufe.
Auch wenn diese Daseinsstufe »Gott« genannt wird,
wird deutlich, daß damit nicht der persönliche, sich of-
fenbarende, ansprechbare Gott der Bibel gemeint ist.
Partner und Ziel der *unio mystica* ist vielmehr »der

---

[1] Kraft, S. 20

Grund des Seins«, »ein überseiendes Nicht-Sein«, »ein namenloses Nichts« (Eckhart), »das weiselose, formlose, namenlose, verborgene Wesen Gottes« (Tauler), »das ewige Nichts«, »das schöpferische Nicht, das man Gott nennt« (Seuse), »die Macht Ihres Unterbewußtseins« (Murphy) usw.

Christlich sprechende Mystiker identifizieren Gott mit »Liebe«, was nach 1. Joh 4,16 durchaus richtig ist. Aber sie rauben Gott seine Lebendigkeit, indem sie ihn Liebe und nur Liebe sein lassen, indem sie Gott und Liebe zu *einem* Prinzip machen und Gottes Gerichtsernst nicht ernst nehmen, auf den durchgehend in der Bibel hingewiesen wird (vgl. besonders Mt 25,31ff; Joh 5,28; Offb 20,11ff). Diese Verkürzung wird bei Murphy besonders deutlich: »Gott — der kosmische Energiespender oder das Lebensprinzip — verurteilt oder bestraft nie ... Gott ist Liebe und sieht die Person nicht an.«[1]

Gott bestraft und richtet *doch*, gerade weil er Liebe ist. Würde Gott nicht richten, wäre er ungerecht. Und Ungerechtigkeit wäre höchste Lieblosigkeit. Allerdings besitzt Gott von sich (!) aus die Freiheit, auf unsere Bestrafung zu verzichten (und zwar deshalb, weil ein anderer — Jesus — stellvertretend für uns die Strafe trug). Das ist die freie (!) (nicht eine von menschlichem Wunschdenken projizierte und zum Prinzip erhobene) Liebe Gottes, die den an ihn Glaubenden (!) Vergebung schenkt. Jesus sagt: »Wer mein Wort hört und dem glaubt, der mich gesandt hat, der hat das ewige Leben und kommt nicht in das Gericht«

---

[1] Kosmos, S. 161.

(Joh 5,24). Gott ist ernstzunehmende, lebendige Wirklichkeit.

Jesus spielt bei nichtchristlichen Mystikern überhaupt keine Rolle, bei christlichen fungiert er wenigstens als Vorbild (das in der Mystik verkürzte Motiv der *imitatio Christi*). Ein Erlöser ist ja auch überflüssig, wo man davon ausgeht, daß es keinen richtenden Gott gibt, daß der Mensch doch nicht so schlecht ist, daß ein »Seelenfünklein« in ihm unverderbt ist, ja daß er selber göttlich ist. Mystiker übersehen oder verharmlosen den Graben, den unsere Sünde zwischen Gott und uns aufgerissen hat. Kein Mensch kann diesen Graben aus eigener Kraft überspringen und sich selber Sünde vergeben. Nur indem Gott uns entgegenkommt, uns vergebend die Hand reicht, können wir Vergebung erlangen und wahren Seelenfrieden finden. Dies hat Gott ein für allemal und für alle Zeiten gültig getan, indem er seinen Sohn Jesus Christus am Kreuz sterben ließ, indem er ihn sterben ließ, damit wir leben. Denn durch unsere Schuld waren wir Todgeweihte und unfähig, Gott entgegenzugehen. Nun aber sind alle, die an Jesus als Retter glauben und ihm nachfolgen, zum Leben Befreite und befähigt, aufzuerstehen. »Denn der Sold der Sünde ist Tod; Gottes Gabe aber ist ewiges Leben in Christus Jesus, unserem Herrn« (Röm 6,23).

Zu allen Zeiten war die Botschaft vom Kreuz ein Ärgernis, weil im Kreuzestod Jesu die totale Verlorenheit jedes Menschen zum Ausdruck kommt. »Die Juden fordern Zeichen, und die Griechen fragen nach Weisheit, wir aber predigen den gekreuzigten Christus, den Juden ein Ärgernis und den Griechen eine Torheit« (1. Kor 1,22f). »Das Wort vom Kreuz ist eine Torheit denen, die verloren werden; uns aber, die wir gerettet werden, ist's eine Gotteskraft« (1. Kor 1,18). Nicht in der Selbsterhebung des Menschen zu Gott, sondern allein im Glauben an das am Kreuz geschehene Erlösungswunder liegt die Rettung, das Heil, der Frieden mit Gott. Das rettende Wunder sind Jesu Wunden. Kein Weg führt am Kreuz vorbei. Der Mystiker und jeder, der das nicht sehen will, täuscht sich selber und erfährt nicht die Gotteskraft: die Gabe der Vergebung und des ewigen Lebens, das uns Gott in seinem Sohn Jesus Christus geschenkt hat. »Er ist unser Friede« (Eph 2,14).

»In keinem andern ist das Heil, ist auch kein andrer Name unter dem Himmel den Menschen gegeben, darin wir gerettet werden sollen« (Apg 4,12). Jesus Christus spricht: »Ich bin der Weg, die Wahrheit und das Leben; niemand kommt zum Vater denn durch mich« (Joh 14,6) — und zwar nicht durch die Nachahmung oder den Glauben Jesu (wie es manche behaupten), sondern allein durch den Glauben *an* Jesus (vgl. Joh 20,31; Röm 3 u.ö.). *Mystik* hat also ihre Berechtigung als *Frage* nach dem Weg zu Gott, zum Heil. Der *Glaube* an Jesus ist die *Antwort* darauf.

Was ist nun aber mit den »mystisch klingenden Bibelstellen«? Sie sind alle auf dem Hintergrund des Glaubens an die Erlösung, die durch den Kreuzestod und die Auferstehung Jesu geschehen ist, zu sehen. So bedeutet das Sein »in Christus«, das »Teilhaftigsein Gottes oder Christi« usw. (Röm 6,3.23; 8,10.29; Gal 2,20; 4,19; 2. Petr 1,4 u.ö.) nicht das Erstreben einer höheren Gotteserkenntnis durch eine mystische Versenkung oder Vereinigung. In Wirklichkeit ist hiermit die Gemeinschaft gemeint, in der der lebendige Ge-

Kreuzigte mit allen, die auf seinen Namen getauft sind und an ihn glauben, steht. Christus nimmt die Glaubenden bei sich auf, umfaßt sie und bestimmt ihren Lebensgang. Gemeinschaft bedeutet nicht Identität (das übersieht besonders der Pantheismus). Gott bleibt Gott, Christus bleibt Christus, und Mensch bleibt Mensch. Ein Christ ist nicht Christus. Ein Christ ist ein Mensch, der den Geist Gottes hat, ohne allerdings autonom über ihn verfügen zu können. (Gerade das jedoch will der Mystiker: Identität, immer innigere Verschmelzung, Einswerdung mit Gott, Verfügbarkeit Gottes — und sei es nur in Form des Murphy'schen Unterbewußtsein-Gottes, der jeden Wunsch erfüllt.)

Mystischer Pantheismus steht im Widerspruch zur Freiheit Gottes gegenüber allem Geschöpflichen und tut auch dem Geschöpf selbst Gewalt an. Entgegen ihrer häufigen pantheistischen Mißdeutung meint auch die Bibelstelle 1. Korinther 15,28 (»auf daß Gott sei alles in allem/n«) »nicht, daß das All einmal nicht mehr sein, daß dann Gott wieder allein sein werde, sondern daß er dann, in der Endoffenbarung seines Weges, mit seinem Geschöpf in allem — ohne daß es darum aufhören würde, von ihm verschieden wirklich zu sein —, dem Geschöpf selbst sichtbar zu seinem Ziel gekommen sein wird«.[1]

Um Mißverständnissen vorzubeugen, sollen Mystik und mystische Glaubenshaltung unterschieden werden (obwohl die Unterscheidung schon wegen der Begrifflichkeit nicht unproblematisch ist). Mystik ist der Versuch, an Kreuz und Auferstehung Jesu vorbei in Direktkontakt mit Gott zu treten. Die mystische Glau-

---

[1] K. Barth, Kirchliche Dogmatik III/3, Zürich 1950, S. 98.

benshaltung hingegen setzt den rettenden Glauben an Kreuz und Auferstehung Jesu voraus und bemüht sich auf dieser Grundlage um eine vertiefte Gebetshaltung, um eine Herzensfrömmigkeit, um ein inniges Hören auf Wort und Willen Gottes. »Mystische Glaubenshaltung« meint also einfach »Innerlichkeit des Glaubens«. Die Gleichsetzung von »Innerlichkeit« und »Mystik« hat sich eingebürgert. Sie hat aber nichts mit dem hier kritisierten — ursprünglichen — Begriff von Mystik zu tun.

Ein weiteres Mißverständnis: Ein Redakteur der anfangs zitierten Zeitschrift »Der Naturarzt« schrieb mir: »Christsein heißt (sc. für uns) nicht, darauf zu vertrauen, daß Jesus für uns am Kreuz gestorben ist und jetzt können wir machen, was wir wollen. Christsein heißt für uns, unser Bestes im Sinne der göttlichen Gebote und Worte Jesu zu geben ... wir ermutigen (sc. den Menschen), Gott entgegenzugehen ... Hilf dir selbst, dann hilft dir Gott« (Brief vom 16.6.1983). An diesen Sätzen ist eines richtig: Christsein heißt nicht, die Hände in den Schoß zu legen. Ein Christ wird in der Kraft Gottes gute Früchte des Geistes bringen: »Die Frucht des Geistes ist Liebe, Freude, Friede, Geduld, Freundlichkeit, Gütigkeit, Glaube, Sanftmut, Keuschheit« (Gal 5,22). Was Paulus »Früchte« nennt, nennt Jakobus »Werke«:[1] »Der Glaube, wenn er nicht Werke hat, ist tot in sich selber« (Jak 2,17). Aber unsere Werke, unsere Leistungen können uns

---

[1] Der oft behauptete Gegensatz zwischen Paulus und Jakobus ist ein begrifflicher, kein sachlicher; vgl. L. Goppelt, Theologie des Neuen Testaments, Göttingen, 3. A. 1981, S. 539ff. Beide schreiben von unterschiedlichem Blickwinkel her.

niemals den Weg zu Gott ebnen. Das kann nur Gott durch Jesus (Joh 14,6). Die Werke des Christen sind immer Folge, niemals Voraussetzung der an ihm geschehenen Erlösung. Auch »positives Denken« (im wörtlichen Sinne) hat durchaus seinen Platz, aber niemals als Mittel zur Selbsterlösung, sondern als Verhaltensweise im Umgang mit Menschen (die allerdings sehr schnell an ihre Grenzen gerät: Enttäuschung, Versagen, Bosheit des eigenen Herzens).

Am Kreuz Jesu zerbricht alle Autonomie und Selbstherrlichkeit des Menschen. Am Kreuz Jesu erfährt der Mensch im Aufschrei »Mein Gott, mein Gott, warum hast du mich verlassen?« (Mt 27,46) seine eigene Gottverlassenheit, Verlorenheit und Schwachheit. Denn Jesus wurde an unserer Stelle gekreuzigt. Er ist das Lamm, das der Welt Sünde trägt. Nicht in uns, aber für uns ist er gestorben — und auferstanden. Und wir werden ihm in das ewige Leben nachfolgen, wenn wir unsere Schwachheit erkennen und ihn im Glauben als unseren Retter annehmen.

6. J. P. Quimby und Christian Science — die Vorbilder

Die Christian Science (Christliche Wissenschaft) ist eine Mischung aus mystisch-monistischem Pantheismus (Alleinheitslehre) als Weltanschauung und Autosuggestion als Methode. Der Heilpraktiker J. P. Quimby (1802 - 1866) hat die »Wissenschaft des geistigen Heilens« entwickelt und Mary Baker Eddy (1821 - 1910), der Begründerin der Christian Science, den entscheidenden Grundgedanken für ihr System geliefert:

Das wahre Wesen der Welt und des Menschen ist Vollkommenheit. Alles Unvollkommene (Sünde, Krankheit, Leid und Tod) ist Einbildung, Illusion, entsteht durch Furcht und falsche Geisteshaltung und kann durch rein seelische Einwirkung geheilt werden. Darauf aufbauend identifizierte M. B. Eddy das Vollkommene mit Gott und stellte ihre »fundamentalen Sätze der göttlichen Metaphysik« auf: »1. Gott ist Alles-in-allem. 2. Gott ist gut. Das Gute ist Geist (Mind). 3. Da Gott Geist, alles ist, ist nichts Materie. 4. Leben, Gott, das allmächtige Gute leugnet Tod, Böses (Übles), Sünde, Krankheit; Krankheit, Sünde, Böses, Tod leugnet das Gute, den allmächtigen Gott, Leben.«[1]

Es ist unübersehbar, daß J. Murphy wesentliche Gedanken von Quimby und Eddy übernommen hat (s.o.). Mehrmals beruft er sich ausdrücklich auf Quimby.[2] Im wesentlichen ist als Kritik zu wiederholen, was in den vorangegangenen Kapiteln festgestellt wurde. In aller Kürze ist zur Christian Science (und in ähnlicher Form zu Quimby und Murphy) zu sagen: Sie »lehrt keinen personhaften Gott (die den Gottesbegriff bildenden Ideen sind hier ›Wirklichkeit‹ und ›Macht‹, nicht das personale Du), damit auch kein Gebet (nur Meditation), keine Schöpfung (diese ist der Ausdruck des Begrenzten und Materiellen; die wahre Welt ist ewiger Ausdruck Gottes), keinen Sündenfall (der Mensch als ›Widerspiegelung‹ kann sich von

---

[1] M. B. Eddy, Wissenschaft und Gesundheit, S. 113; zitiert nach K. Hutten, Seher — Grübler — Enthusiasten. Das Buch der Sekten, Stuttgart, 11. A. 1968, S. 258.
[2] Unterbewußtsein, S. 91ff; Kosmos, S. 93; Gesetze, S. 53; u.ö.

Gott nicht trennen; Sünde ist Irrtum; sie wird als Leid gewertet, also ganz in Entsprechung zur Krankheit gesehen), keine Erlösung im christlichen Sinne (*Jesus Christus* ist der ›wahre Mensch‹, der ›Beispielgeber‹, der erste Lehrer und Praktiker der Christlichen Wissenschaft...), keine Kirche ... und kein Sakrament (zweimal im Jahr wird eine meditative Vereinigung mit Gott ... als ›immaterielles‹ Sakrament gefeiert)«.[1] Die Schrift wird »allegorisch interpretiert oder die scientistische Lehre willkürlich hineingedeutet.«[2]

7. Okkultismus — die tiefste Wurzel

Bei diesem heiklen und umstrittenen Thema sollen vor allem Zitate sprechen.

J. Murphy schreibt über sich: »Vor mehr als dreißig Jahren verfügte ich jeden Abend vor dem Einschlafen stumm, alle meine Schriften müßten in allen modernen Sprachen veröffentlicht werden. Ich rührte keinen Finger, um das zu erreichen. Die Weisheit meines Unterbewußtseins reagierte und mobilisierte Verleger in vielen Ländern ... Vor etwa vierundzwanzig Jahren richtete ich folgende Bitte an meinen tieferen Geist: ›Die unendliche Intelligenz öffnet mir den Weg, damit ich auf der ganzen Welt Vorträge über die kosmischen Gesetze des Geistes und der göttlichen Ordnung halten kann.‹ Einige Wochen vergingen; dann

---

[1] H. D. Reimer, Art. »Christian Science«, in: RGG Bd. I, Tübingen, 3. A. 1957, Sp. 1735 (Hervorh. i. Orig.).

[2] A.a.O.; s. auch: L. Gassmann, Antwort an die Christian Science, in: factum Nr 1/1985, S. 47-50.

kamen Einladungen.«[1] »Ich selbst habe schon mehrmals Ereignisse wahrgenommen, die erst Tage, Wochen oder sogar Monate später eingetroffen sind.«[2] »Da ich wußte, daß ich in der Yoga Forest University Vorträge halten würde, war ich im Traum dorthin gereist, während ich fest schlief, und hatte alles das im Traum erlebt, was ich später bewußt erlebte.«[3] Murphy berichtet von mehreren spiritistischen Sitzungen, die er z.T. leitete:[4] »In den geschilderten drei Fällen waren wir alle drei von der geistigen Präsenz jener überzeugt, die mit uns Verbindung aufgenommen hatten.«[5]

Murphy hat, wie er selber zugibt, mediale Fähigkeiten. Und er schreibt: »Wir alle besitzen die Fähigkeit außersinnlicher Wahrnehmung (ASW), doch in vielen von uns ist sie unentwickelt oder wird unterdrückt.«[6] Inwiefern ist diese Behauptung richtig? Prüfen wir Murphys Erklärungsversuche, zunächst für das »Hellsehen«.

Murphy versucht, folgende natürliche Erklärung dafür zu geben. Erstens: »Den kosmischen Gesetzen des Geistes zufolge wird sich alles, was wir geistig und gefühlsmäßig akzeptieren und glauben, das heißt für wahr halten, in unserem Leben konkretisieren ... Ein Mensch mit starker Intuition, ein guter Sensitiver, ein Medium können den Inhalt Ihres Unterbewußtseins anzapfen und die Erfahrungen und Ereignis-

---

[1] Kosmos, S. 13.
[2] Kraft, S. 62.
[3] A.a.O., S. 75f.
[4] S. z.B. Kosmos, S. 203ff.
[5] A.a.O., S. 209.
[6] Kraft, S. 106.

se — gute wie schlechte —, die Ihnen im weiteren Leben bevorstehen, wahrnehmen.«[1] Zweitens: »Wenn Sie das I Ging benutzen, aktivieren Sie Ihr Unterbewußtsein ... Ihr Unterbewußtsein ist eins mit diesem allgegenwärtigen Universalgeist (Murphy identifiziert den ›Universalgeist‹ einige Zeilen weiter mit dem Jung'schen ›kollektiven Unbewußten‹; d. Verf.). Deshalb lassen sich Voraussagen für eine Rasse, ein Volk oder eine Gruppe sowie für eine Einzelperson geben. Warum? Weil die Menschen sich gewöhnlich kaum ändern.«[2] Mit diesen Darlegungen sind nur Wahrscheinlichkeitsaussagen erklärt, die jeder einfühlsame und intelligente Mensch mittels Kombination von vergangenen Verhaltensweisen und Erfahrungen über die Zukunft machen kann. Wirkliche hellseherische Phänomene, von denen Murphy berichtet, also Vorauskenntnis von Ereignissen, die nicht vorausberechenbar waren (z.B. ein Erdbeben, ein Unglück, ein plötzlicher Todesfall), sind damit nicht erklärt.

Nun Murphys Erklärungsversuch für übernatürliche Ereignisse, die mit dem Beziehungsgeflecht Geist und Materie in Verbindung stehen, z.B. De- und Rematerialisation einer Tasche: »Die moderne Wissenschaft kennt die Interkonvertierbarkeit von Materie und Energie (Geist). Materie ist zur Sichtbarkeit reduzierte Energie. Das Medium, das die Kräfte seines Unterbewußtseins einsetzt, identifiziert sich also mit der Tasche, denn die Tasche ist wie jeder Gegenstand nichts anderes als eine Kombination von Molekülen, d.h. um einen Kern kreisender Elektronen ... Auf hö-

---

[1] Kraft, S. 63.
[2] I Ging, S. 38.

herer Geistesebene ist es möglich, Gegenstände zu dematerialisieren und auch ihre Rematerialisation zu bewirken. Die ganze Welt ist ein Universum von Dichtigkeiten, Frequenzen, Intensitäten.«[1] Es ist erstaunlich, mit welcher Selbstverständlichkeit hier Murphy seine pankosmistische Weltanschauung mit Ergebnissen der Kernphysik verschmilzt. Die Übertragung solcher physikalischen Ergebnisse auf das Feld der Parapsychologie stellt für die seriöse Wissenschaft eine »Minimalhypothese«[2] zur Erhellung psychokinetischer Phänomene dar, kann aber keineswegs eine gesicherte Erklärung bieten. Vollends ist die Ursache solcher Erscheinungen »weitgehend ungeklärt«.[3]

Zuletzt sei Murphys Erklärung für Spukphänomene und Geistererscheinungen geprüft. Er schreibt:»Unsere Lieben sind um uns. Sie haben Körper der vierten Dimension, die von geringerer Dichte und flüchtig sind und die wir nicht begreifen, die aber hellseherisch wahrgenommen werden können. Wir können auch Gammastrahlen, Betastrahlen, kosmische Strahlen nicht sehen; dennoch sind sie um uns und durchdringen uns.«[4] Auch diese Begründung ist rein spekulativ und der Vergleich naturwissenschaftlich unhaltbar. Das wird schon daran deutlich, daß Murphy die Dimensionen durcheinanderwirft. Strahlen, Elementarteilchen, Radiowellen usw. sind zwar nicht sichtbar, gehören aber in den dreidimensionalen Bereich.

---

[1] Kosmos, S. 210f.
[2] So H. Bender/E. Bauer, Art. »Parapsychologie«, in: Handbuch psychologischer Grundbegriffe, Hg. Th. Herrmann u.a., München 1977, S. 340.
[3] A.a.O.
[4] Kosmos, S. 205.

Murphys Vergleich solcher dreidimensionalen Phänomene mit der Geisterwelt funktioniert nur über das Glied der Nicht-Sichtbarkeit, ohne daß wirkliche Entsprechungen in der Beschaffenheit vorhanden wären. Überdies ist die vierte Dimension in der Art, wie Murphy sie behauptet, für einen Naturwissenschaftler ein reines Phantasiegebilde.

Was sagt nun die Bibel in ihrem Gesamtzeugnis? Zunächst ist festzustellen, daß es Zukunftsschau, Visionen, Traumdeutungen u.ä. auch in der Bibel gibt (man denke nur an die Josefsgeschichte, an die Propheten, an die Apokalypse usw.) — und zwar durchaus auch unter positivem Vorzeichen. Stets handelt es sich aber um die Begabung einzelner, oder besser: um eine Offenbarung Gottes an einzelne, auserwählte Menschen. Eine schöpfungsmäßige Begabung, eine mediale Veranlagung bei *jedem* kann daraus keineswegs behauptet werden. Und dies hat seinen guten Grund: Wir sollen uns nicht auf übernatürliche Mächte in und um uns verlassen, sondern allein auf den lebendigen Gott. »Ich bin der Herr, dein Gott ... Du sollst keine anderen Götter neben mir haben« (2. Mose 20,2f). »Mich, die lebendige Quelle, verlassen sie und machen sich Zisternen, die doch rissig sind und kein Wasser geben« (Jer 2,13). »Verflucht ist der Mann, der sich auf Menschen verläßt ... Gesegnet aber ist der Mann, der sich auf den Herrn verläßt« (Jer 17,5.7).

Murphy will durch die Propagierung medialer Fähigkeiten die Selbststeigerung des Menschen erreichen. Selbststeigerung zieht aber den Menschen vom wirklichen, lebendigen Gott ab, weil dabei Gott zunehmend überflüssig zu werden scheint. Da ja Murphy, wie gezeigt, gar keinen wirklichen, lebendigen Gott kennt, sondern nur die vergottete Macht des Unterbewußtseins, ist dieser Schritt nur zu gut verständlich. Er tut damit das gleiche, was schon die heidnischen Völker in biblischer Zeit getan hatten, die den lebendigen Gott nicht kannten: »Sie hören auf Zeichendeuter und Wahrsager« (5. Mose 18,14). Und über sie ist zu Israel gesagt: »Wenn du in das Land kommst, das dir der Herr, dein Gott, geben wird, so sollst du nicht lernen, die Greuel dieser Völker zu tun, daß nicht jemand unter dir gefunden werde, der seinen Sohn oder seine Tochter durchs Feuer gehen läßt oder Wahrsagerei, Hellseherei, geheime Künste oder Zauberei treibt oder Bannungen oder Geisterbeschwörungen oder Zeichendeuterei vornimmt oder die Toten befragt. Denn wer das tut, der ist dem HErrn ein Greuel« (5. Mose 18,9ff). Auch wenn diese Sätze in ihrem historischen Zusammenhang (Frontstellung Israels zu heidnischen Völkern) gesehen werden müssen, so ist der Inhalt, um den es hier geht, eindeutig von Gott her als negativ qualifiziert. Der Gebrauch medialer Fähigkeiten ist geradezu ein Kennzeichen des Heidentums, nämlich des Versuchs, durch Magie Macht über eine Gottheit zu gewinnen oder selbst zu sein wie Gott (1. Mose 3,5).

Murphy lehnt jeden Vorwurf der Magie oder übernatürlicher Einflüsse ab.[1] Wie gezeigt, sind aber seine Versuche einer rationalen Erklärung nicht überzeugend. Er empfiehlt somit Methoden, über deren Hintergründe er keine wirkliche Rechenschaft geben kann. Das ist zumindest verantwortungslos, wenn

---

[1] Vgl. Kraft, S. 210f.

nicht gar bewußte Verführung. Über die Gefahren einer dämonischen Einflußnahme durch Medialität schweigt er sich völlig aus. Es mag sein, daß er diese Gefahren nicht kennt. Wenn er sie aber kennt, *dann kommt hinter allen seinen Büchern eine geschickt getarnte Strategie zum Vorschein, um Menschen vom Gott der Bibel wegzubringen und für finstere, dämonische Mächte zu öffnen.*

Am deutlichsten erkennbar wird diese Absicht in seinem Buch »Das I Ging-Orakel Ihres Unterbewußtseins«. Der Mensch soll durch die Verbindung einer okkulten Technik (Kartenlegen, Münzenwerfen u.ä.) mit der aufnahmebereiten Haltung seines Unterbewußtseins für jede Situation seinen Orakelspruch herausfinden. Er setzt sein Vertrauen nicht mehr auf Gott, sondern auf das der heidnisch-chinesischen Mystik entstammende Orakel (auch wenn dies in einer raffiniert-verschleiernden Weise mit Bibelsprüchen garniert ist; genausogut könnten irgendwelche heidnischen Beschwörungsformeln verwendet werden, wie es im originalen I Ging-Orakel auch der Fall ist).

»Es besteht kein Zweifel, daß Jesus, seine Jünger und die Autoren der neutestamentlichen Schriften mit der Existenz des Teufels und von Dämonen gerechnet haben.«[1] Gegenüber allen Entmythologisierungsbestrebungen in der Theologie[2] bleibt die Frage, ob un-

---

[1] K. Kertelge, Teufel, Dämonen, Exorzismen in biblischer Sicht, in: W. Kasper/K. Lehmann (Hg.), Teufel — Dämonen — Besessenheit. Zur Wirklichkeit des Bösen, Mainz, 2. A. 1978, S. 9.

[2] Z.B. R. Bultmann, Neues Testament und Mythologie, in: H. W. Bartsch (Hg.), Kerygma und Mythos, Hamburg 4. A. 1960; H. Haag, Teufelsglaube, Tübingen 1974.

ser derzeitiges »aufgeklärtes« Weltbild wirklich das letztgültige ist und »ob Teufel und Dämonen in der Verkündigung und im Wirken Jesu nicht eine derartig konstitutive Bedeutung haben, daß wir selbst bei veränderten Vorstellungen mit ihnen ebenso ernst rechnen müßten wie mit der zentralen Wirklichkeit der Gottesverkündigung Jesu«.[1] Wer J. Chr. Blumhardts »Krankheitsgeschichte der Gottliebin Dittus« gelesen hat und wer auch nur ein wenig Einblick in Berichte von Missionaren über schreckliche dämonische Bindungen durch Zauberei, Voodoo, Ahnenkult usw. hat, wird dies bestätigen. Jeder aber, der sich gläubig Jesus anvertraut, erfährt: »Jesus ist Sieger!«[2] — auch und gerade über solche finsteren Mächte.

8. Zusammenfassung und Gegenüberstellung

J. Murphys System ist ein breit angelegter Versuch, Heil aus dem Unterbewußtsein, aus dem Selbst des Menschen zu schaffen. Das Ergebnis allerdings ist Genußsucht und kurzlebiges Glück. Murphys System ist von seinem Bestreben her ein Gegenentwurf zum Heilsweg der Bibel. Murphy greift dazu Elemente v.a. aus Hedonismus, Autosuggestion, Mystik und Okkultismus auf.

Eine abschließende Gegenüberstellung bringt die Unvereinbarkeit von biblischem und Murphyschem

---

[1] K. Kertelge, a.a.O., S. 10.
[2] J. Chr. Blumhardt, Die Krankheitsgeschichte der Gottliebin Dittus, Göttingen 1978, S. 76.

Heilsweg nochmals in konzentrierter Form zum Ausdruck:

Joseph Murphy	Die Bibel
Gott - ist Projektion und Geschöpf des Menschen - ist die Macht des menschl. Unterbewußtseins, über die der Mensch verfügen kann	- ist der Schöpfer des Menschen - ist lebendig, wirklich, transzendent und frei - frei, auch in die Immanenz einzugehen, ohne in ihr aufzugehen (Unverfügbarkeit)
Glaube - ist Denken. Ziel: „positives Denken", das fast alle Probleme lösen kann	- ist festes Vertrauen auf den lebendigen Gott und die durch Jesu Kreuzestod geschehene Erlösung
Gebet - ist Autosuggestion als intensivste Form „positiven Denkens". Ziel: Erfüllung menschlicher Wünsche	- ist Reden mit dem lebendigen Gott im Namen Jesu. Ziel: Erkenntnis und Erfüllung des Willens Gottes
Sünde - ist das Verfehlen menschlicher Selbstverwirklichung	- ist menschliche Selbstverwirklichung an Gott vorbei und gegen Gott
Krankheit/Tod - ist Einbildung	- ist der Lohn der Sünde und bittere Wirklichkeit
Vergebung - ist Selbstvergebung	- ist Vergebung durch Gott und Erlösung von Sünde, Teufel und Tod
Jesus - ist guter Mensch, Vorbild	- ist wahrer Mensch und wahrer Gott - ist Gottes Sohn, einziger Weg zu Gott dem Vater und einziger Erlöser

Anhang
New Age und Anthroposophie

»New Age ist gefährlich, aber die Anthroposophie gehört nicht dazu«, hieß es in einer Zuschrift. Stimmt das? Hierzu zwei Fakten:

Erstens: Die New-Age-Bewegung selber sieht in Rudolf Steiner einen ihrer Wegbereiter, weil er schon früh den Brückenschlag zwischen westlichem und östlichem Denken vorgenommen hat. So zählt z.B. Theodore Roszak in seinem Buch »Das unvollendete Tier« die Anthroposophie als wichtige esoterisch-okkulte Strömung zum »Grenzbereich« des New-Age (siehe oben).

Zweitens: Die direkte Wurzel des New-Age-Denkens ist die Theosophie. Sie vertritt das antichristliche Ziel einer »Welteinheitsreligion«. Rudolf Steiner nun war von 1902-13 Generalsekretär der Deutschen Sektion der Theosophischen Gesellschaft. Von dieser trennte er sich zwar wegen der Ausrufung des Pseudomessias Krishnamurti. Er übernahm aber wichtige Lehrpunkte, z.B. die Vermischung der Religionen, in sein anthroposophisches System. Er entwickelte etwa die Lehre von »zwei Jesusknaben«, die Wiederverkörperungen von Buddha und Zarathustra seien, und sah in Christus den zur Erde gekommenen »Führer der Sonnengeister«.

Folgende Sätze aus Steiners »Markus«-Zyklus sprechen für sich selbst: »Was wird kommen, wenn sich so die einzelnen Bekenner der verschiedenen Religionssysteme verstehen werden, wenn der Christ zum Buddhisten sagen wird: Ich glaube an deinen Buddha, — und wenn der Buddhist zum Christen sagen wird: Ich kann das Mysterium von Golgatha verstehen, wie du es selbst verstehst, — was wird kommen über die Menschheit, wenn so etwas allgemein werden wird? Friede wird kommen über die Menschen, gegenseitige Anerkennung der Religionen. Und die muß kommen. Und die anthroposophische Bewegung muß sein ein solches gegenseitiges wahrhaftiges Erfassen der Religionen« (Dornach 1960, S. 70f).

Die Propheten und Apostel der ganzen Bibel aber verwerfen eine solche Vermischung der Religionen als Götzendienst, der den Frieden mit Gott zerstört. Und Jesus Christus spricht: »Ich bin der Weg, die Wahrheit und das Leben; niemand kommt zum Vater denn durch mich« (Joh 14,6).

Eine weitere (vom Autor geplante) Veröffentlichung wird sich intensiv mit dem Zusammenhang zwischen »New Age und Anthroposophie« befassen. Darauf sei hier schon hingewiesen.

Nachwort:
Ein Brief an den Leser

Liebe Leserin, lieber Leser!

Viele Namen und Strömungen wurden genannt, die zur New-Age-Bewegung oder zum New-Age-Denken im weiteren Sinn zählen. Vielleicht waren es Ihnen zuviele Namen, vielleicht auch nur *ein* Name zuviel. So höre ich nach meinen Vorträgen über »New Age« immer wieder Sätze wie: »Sie haben ja im Prinzip recht. New Age ist etwas Schlimmes. Aber das Rutengehen gehört nicht dazu.« Oder: »Die Jungsche Psychologie gehört nicht dazu.« Oder: »Die Anthroposophie gehört nicht dazu.« In der Regel werden diejenigen Strömungen genannt, mit denen es der Betreffende selbst zu tun hat und die er nicht aufgeben will.

Falls auch Ihre »Lieblingsströmung«, lieber Leser, dabei war, dann bitte ich Sie um ein Zweifaches:

1. *Prüfen* Sie diese Strömung, ob sie vor dem Wort Gottes bestehen kann! Prüfen Sie sie z.B. anhand der in den Fußnoten angegebenen Literatur. Es sei darauf hingewiesen, daß verschiedene christliche Autoren an weiteren Veröffentlichungen über Einzelaspekte des New Age (z.B. in Medizin, Kunst, Psychologie, Politik) arbeiten, die nach und nach erscheinen werden. Sie werden die notwendige Vertiefung mancher hier nur »angerissener« Themen bringen. Vor allem aber: Prüfen Sie anhand der Bibel selber: »Denn das Wort Gottes ist lebendig und kräftig und schärfer als jedes zweischneidige Schwert; und dringt durch, bis es scheidet Seele und Geist, auch Mark und Bein, und ist ein

Richter der Gedanken und Sinne des Herzens« (Hebr 4,12).

2. Vielleicht hat Sie diese Strömung in eine *okkulte Bindung* gebracht. Vielleicht hat sie Sie von Jesus ferngehalten und Ihnen die Freude am Beten und Bibellesen genommen. Dann sagen Sie sich von dieser Strömung los! Suchen Sie die Gemeinschaft gläubiger Christen, die Ihnen helfen. Vertrauen Sie sich einem vollmächtigen Seelsorger an. Sie dürfen gewiß sein, daß Jesus Christus Sünde vergibt und Bindungen, die Ihnen jetzt vielleicht bewußt geworden sind, lösen kann. Er ist der Sieger auch über okkulte Mächte und schenkt jedem einen Neuanfang, der mit hörbereitem Ohr und aufrichtigem Herzen zu ihm kommt. Er lädt uns ein: »Kommt her zu mir alle, die ihr mühselig und beladen seid; ich will euch erquicken. Nehmt auf euch mein Joch und lernt von mir; denn ich bin sanftmütig und von Herzen demütig; so werdet ihr Ruhe finden für eure Seelen« (Mt 11,28f). Und es gilt: »Das Blut Jesu Christi, seines Sohnes, macht uns rein von aller Sünde« (1. Joh 1,7).

Erlauben Sie mir zum Schluß einen persönlichen Hinweis. Wie aktuell das Thema »New Age« ist, erlebe ich momentan am eigenen Leib: Seit ich damit an die Öffentlichkeit getreten bin, quillt mein Briefkasten über und das Telefon steht kaum noch still. An manchen Tagen kommen bis zu drei Anfragen mit der Bitte, einen Vortrag über »New Age« zu halten. Es besteht ein enormes Aufklärungsbedürfnis und eine große seelsorgerliche Not. Gern würde ich allen diesen Bitten entsprechen, aber das ist zeitlich und kräftemäßig unmöglich. Deshalb gebe ich an dieser Stelle folgenden Hinweis: Der *Vortrag* über »New

Age« — und auch fast alle meine anderen Vorträge — wurden auf Toncassetten aufgenommen und können über jede Buchhandlung mit evangelischer Abteilung bezogen werden.

Es handelt sich um Cassetten zu den folgenden Themen:

— »New Age«
— »Die Grünen«
— »Gruppendynamik«
— »Biblische Seelsorge«
— »Anthroposophie«
— »Schwangerschaftsabruch«

(Erschienen bei Verlag Martin Mast, Jona Kassettendienst und Verlag der Liebenzeller Mission).

Damit ist eine echte Möglichkeit insbesondere für kleinere Kreise gegeben, einen kompletten Vortrag zu hören. Freilich sollte sich der Veranstalter oder einer der Teilnehmer vorher soweit in das Thema eingearbeitet haben, daß er nach dem Abspielen der Cassette auf die grundlegendsten Fragen Antwort geben kann.

Ich bitte Sie für diese Regelung um Verständnis.

Der Herr segne und bewahre Sie!

Ihr

Lothar Gassmann

Weitere Veröffentlichungen von Lothar Gassmann
(in der Reihenfolge des Erscheinens)

— *Gruppendynamik* — Hintergründe und Beurteilung,
Hänssler-Verlag, Neuhausen-Stuttgart 1984

— *Abtreiben?* Fragen und Entscheidungshilfen,
Christiana-Verlag, Stein am Rhein 1985 (2. Aufl. 1987)

— *Ist Jesus auferstanden?*, Schriftenmissions-Verlag,
Neukirchen-Vluyn 1985

— *Die Grünen — eine Alternative?* Kritische Überlegungen,
Hänssler-Verlag, Neuhausen-Stuttgart 1985 (2. Aufl. 1986, 3. Aufl. 1987)

— *Abbruch.* Schwangerschaftsabbruch — nicht nur das Baby stirbt dabei, Hänssler-Verlag, Neuhausen-Stuttgart 1986

— *Gefahr für die Seele.* Seelsorge zwischen Selbstverwirklichung und Christuswirklichkeit, Hänssler-Verlag, Neuhausen-Stuttgart 1986

— *ÖKO.* Auf der Suche nach der heilen Welt. Erfahrungen eines Umweltschützers, Hänssler-Verlag, Neuhausen-Stuttgart 1987 (2. Aufl. 1987)

— *Mit Jesus über Brücken geh'n.* Antwort auf Glaubensfragen, Verlag der Liebenzeller Mission, Bad Liebenzell 1987